命运之旗

新时代理论创新与新征程使命任务

王均伟 著

浙江教育出版社·杭州

旗帜与命运
——写在前面的话

近代中国,命途多舛。国家蒙辱、人民蒙难、文明蒙尘,中华民族遭受了前所未有的劫难。拿破仑说:"狮子睡着了,苍蝇都敢落在它的脸上叫几声;中国一旦被惊醒,世界会为之震动。"

惊醒中国的,是两次炮声。

鸦片战争侵略者的炮声,把中国从"天朝上国"的睡梦中惊醒。中国的仁人志士开始千辛万苦地寻求出路,主要是努力学习西方。但是很奇怪,学得很不少,却总是行不通,理想总是不能实现。多次奋斗都失败了。西方这个"先生"总是侵略中国这个"学生",国家的情况一天一天变坏,环境迫使人们活不下去。

十月革命起义者的炮声,把中国从盲目学习西方的迷途中惊醒。马克思列宁主义的广泛传播,帮助中国的先进分子用无产阶级的宇宙观作为观察国家命运的工具,重新考虑自己的问题。

英国学者特里·伊格尔顿在《马克思为什么是对的》一书里写道:"历史上从未出现过建立在笛卡尔思想之上的政府,用柏拉图思想武装起来的游击队,或者以黑格尔的理论为指导的工会组织。马克思彻底改变了我们对人类历史的理解,这是连马克思主义最激烈的批评者也无法否认的事实。"

马克思主义不是书斋里的学问,而是为了改变人民历史命运而创立的。正如毛泽东所说:"主义譬如一面旗子,旗子立起了,大

命运之旗
——新时代理论创新与新征程使命任务

家才有所指望,才知所趋赴。"

思想点燃星火,主义引领方向。中国共产党把马克思主义鲜明地写在自己的旗帜上,在一次次历史抉择的紧要关头,不断以思想理论的飞跃回应前进道路上的各种困难和挑战。

旗帜上闪耀的真理光芒,是中华民族能够在100多年里完成凤凰涅槃的密钥。

中国正在以中国式现代化全面推进强国建设、民族复兴伟业的新征程上前进。

中国共产党在自己的思想旗帜上,不断书写新的篇章。

新时代的理论创新,指引我们奋力实现新征程的使命任务。

新征程上,我们应当牢牢记住习近平总书记的话:

"马克思主义并没有结束真理,而是开辟了通向真理的道路";

"与时代同步伐,与人民共命运,关注和回答时代和实践提出的重大课题,是马克思主义永葆生机活力的奥妙所在";

"坚持把马克思主义基本原理同中国具体实际相结合、同中华优秀传统文化相结合,用马克思主义观察时代、把握时代、引领时代,继续发展当代中国马克思主义、21世纪马克思主义"。

目 录

一 站在时代之巅
1. 新时代：新方位与新使命 / 004
2. 三个重大时代课题 / 019
3. "两个结合"：根与魂 / 024
4. 开辟新境界，实现新飞跃 / 033

二 中国式现代化：全新的人类文明形态
1. 七个"现代化之问" / 041
2. 鲜明特色与本质要求 / 050
3. 怎么走：实践新路径 / 056
4. 世界意义：新方向，新路径，新引擎 / 062

三 第二个答案
1. 中国共产党是什么、要干什么 / 072
2. 管党治党、兴党强党的时代答卷 / 076
3. 最鲜明的品格：勇于自我革命 / 083
4. 破解大党独有难题 / 095
5. 引领时代的制胜之道 / 101

四　真正掌握看家本领

1. "六个必须坚持" / 109

2. 不断提高调查研究的能力 / 119

3. 深化对党的理论创新规律性的认识 / 132

五　回答世界之问："世界向何处去、人类怎么办"

1. 构建人类命运共同体的理念和主张 / 150

2. 三大全球倡议 / 162

3. 实践平台："一带一路" / 169

4. 世界舞台中心：从"走进"到"走近" / 175

六　坚定历史自信，增强历史主动

1. 安不忘危，治不忘乱 / 183

2. 敢于斗争，善于斗争 / 190

3. 在把握历史规律中掌握历史主动 / 196

七　以新的伟大奋斗创造新的历史伟业

1. 深刻把握"两个确立"，坚决做到"两个维护" / 207

2. 团结奋斗，一起向未来 / 214

3. 大道至简，实干为要 / 221

后　记 / 231

一

站在时代之巅

一 站在时代之巅

当代中国正经历着我国历史上最为广泛而深刻的社会变革,也正在进行着人类历史上最为宏大而独特的实践创新。中国特色社会主义进入新时代,新时代是一个伟大的时代,伟大时代需要伟大思想,伟大思想催生伟大力量,伟大力量成就伟大事业。党的十八大以来,以习近平同志为核心的党中央,以巨大的政治勇气和强烈的责任担当,提出一系列新理念新思想新战略,出台一系列重大方针政策,推出一系列重大举措,推进一系列重大工作,解决了许多长期想解决而没有解决的难题,办成了许多过去想办而没有办成的大事,推动党和国家事业取得历史性成就、发生历史性变革。

以习近平同志为主要代表的中国共产党人,应时代之变迁、立时代之潮头、发时代之先声,从理论和实践结合上系统回答了新时代一系列重大时代课题,创立了习近平新时代中国特色社会主义思想。习近平新时代中国特色社会主义思想是对马克思列宁主义、毛泽东思想、邓小平理论、"三个代表"重要思想、科学发展观的继承和发展,是当代中国马克思主义、二十一世纪马克思主义,是中华文化和中国精神的时代精华,是党和人民实践经验和集体智慧的结晶,是中国特色社会主义理论体系的重要组成部分,是全党全国人民为实现中华民族伟大复兴而奋斗的行动指南,必须长期坚持并不断发展。

命运之旗
——新时代理论创新与新征程使命任务

1. 新时代：新方位与新使命

党的十九届六中全会通过的《中共中央关于党的百年奋斗重大成就和历史经验的决议》指出："党的十八大以来，中国特色社会主义进入新时代。"

中国特色社会主义新时代是我国发展新的历史方位。对这个新的历史方位的内涵，可以从五个层面来认识：

新时代是承前启后、继往开来、在新的历史条件下继续夺取中国特色社会主义伟大胜利的时代。党领导人民开辟的中国特色社会主义道路展现出强大生命力，使中国大踏步赶上世界潮流，站在了承前启后、继往开来的新起点上。新时代要在新起点上继续前进，争取更大胜利，绘就更美蓝图。

新时代是决胜全面建成小康社会、进而全面建设社会主义现代化强国的时代。中国用几十年的时间走过了发达国家几百年走过的路，但这条路后面的征程依然漫长，从全面建成小康社会，到基本实现现代化，再到全面建成社会主义现代化强国，还需要几十年的奋斗，新时代就是要完成这个历史任务。2021年我们胜利完成了第一个百年奋斗目标，全面建成小康社会，现在已踏上了以中国式现代化全面推进强国建设、民族复兴的新征程。

新时代是全国各族人民团结奋斗、不断创造美好生活、逐步实现全体人民共同富裕的时代。我们党领导人民干革命、搞建设、抓改革，就是为了让人民过上好日子。新时代就是要让人民群众的获得感、幸福感和安全感不断提升，逐步实现共同富裕。

一　站在时代之巅

新时代是全体中华儿女勠力同心、奋力实现中华民族伟大复兴中国梦的时代。实现伟大梦想，需要接力奋斗，前人艰苦卓绝的奋斗让我们看到了胜利彼岸不再遥不可及，新时代就是要战胜一切惊涛骇浪到达彼岸，让梦想成真。

新时代是中国不断为人类作出更大贡献的时代。中国的国际地位从近代以来被人看不起、毫无话语权到新中国成立后影响力不断增强、话语权日益增大，有了显著提升。新时代就是要推动构建人类命运共同体，为维护世界和平、促进共同发展作出新的更大贡献。

历史，往往需要世事的更迭和时间的冲刷才能看得更清楚。历史方位，同样需要从近代以来100多年的大历史坐标上去认识。

从中国自身发展来看，中国特色社会主义新时代是中华民族伟大复兴前景光明、胜利在望的时代。

近代以来，西方列强的坚船利炮打开了中国的大门，1840年鸦片战争以后，中国逐步沦为半殖民地半封建社会，国家蒙辱、人民蒙难、文明蒙尘，中华民族遭受了前所未有的劫难。从那时起，实现中华民族伟大复兴，就成为中国人民和中华民族最伟大的梦想。为了拯救民族危亡，中国人民奋起反抗，仁人志士奔走呐喊，1900年，面对国家积贫积弱和列强进逼，梁启超写下《少年中国说》，呼吁中国的年轻一代要奋起自救："少年智则国智，少年富则国富；少年强则国强，少年独立则国独立；少年自由则国自由；少年进步则国进步；少年胜于欧洲，则国胜于欧洲；少年雄于地球，则国雄于地球。"1904年，孙中山提出："一旦我们革新中国的伟大目标得以完成，不但在我们的美丽的国家将会出现新纪元的曙光，整个人类也将得以共享更为光明的前景。"在各种救国方案相继失败后，1921年，中国共产党应运而生。中国共产党一经诞生，就把为中国

命运之旗
——新时代理论创新与新征程使命任务

人民谋幸福、为中华民族谋复兴确立为自己的初心使命。

100多年来，中国共产党团结带领中国人民进行的一切奋斗、一切牺牲、一切创造，归结起来就是一个主题：实现中华民族伟大复兴。党的创始人之一李大钊指出："吾人须知吾之国家若民族，所以扬其光华于二十稘之世界者，不在陈腐中华之不死，而在新荣中华之再生……"要到达这个"新荣中华"，需要付出艰辛的努力，因为"中华民族现在所逢的史路，是一段崎岖险阻的道路。在这一段道路上，实在亦有一种奇绝壮绝的景致，使我们经过此段道路的人，感得一种壮美的趣味。但这种壮美的趣味，是非有雄健的精神的不能够感觉到的。……我们应该拿出雄健的精神，高唱着进行的曲调，在这悲壮歌声中，走过这崎岖险阻的道路"。

为了实现中华民族伟大复兴，中国共产党团结带领中国人民，浴血奋战、百折不挠，经过北伐战争、土地革命战争、抗日战争、解放战争，以武装的革命反对武装的反革命，推翻帝国主义、封建主义、官僚资本主义三座大山，建立了人民当家作主的中华人民共和国，实现了民族独立、人民解放，创造了新民主主义革命的伟大成就。新民主主义革命的胜利，彻底结束了旧中国半殖民地半封建社会的历史，彻底结束了旧中国一盘散沙的局面，彻底废除了列强强加给中国的不平等条约和帝国主义在中国的一切特权，为实现中华民族伟大复兴创造了根本社会条件。

为了实现中华民族伟大复兴，中国共产党团结带领中国人民，自力更生、发愤图强，进行社会主义革命，消灭在中国延续几千年的封建剥削压迫制度，确立社会主义基本制度，推进社会主义建设，战胜帝国主义、霸权主义的颠覆破坏和武装挑衅，实现了中华民族有史以来最为广泛而深刻的社会变革，实现了一穷二白、人口众多的东方大国大步迈进社会主义社会的伟大飞跃,创造了社会主义革命和建设的伟大成就,为实现中华民族伟大复兴奠定了根本政治前提和制度基础。

为了实现中华民族伟大复兴,中国共产党团结带领中国人民,解放思想、锐意进取,实现新中国成立以来党的历史上具有深远意义的伟大转折,确立党在社会主义初级阶段的基本路线,坚定不移推进改革开放,战胜来自各方面的风险挑战,开创、坚持、捍卫、发展中国特色社会主义,实现了从高度集中的计划经济体制到充满活力的社会主义市场经济体制、从封闭半封闭到全方位开放的历史性转变,实现了从生产力相对落后的状况到经济总量跃居世界第二的历史性突破,实现了人民生活从温饱不足到总体小康、再到全面小康的历史性跨越,创造了改革开放和社会主义现代化建设的伟大成就,为实现中华民族伟大复兴提供了充满新的活力的体制保证和快速发展的物质条件。

为了实现中华民族伟大复兴,中国共产党团结带领中国人民,自信自强、守正创新,统揽伟大斗争、伟大工程、伟大事业、伟大梦想,坚持和加强党的全面领导,统筹推进"五位一体"总体布局、协调推进"四个全面"战略布局,坚持和完善中国特色社会主义制度、推进国家治理体系和治理能力现代化,坚持依规治党、形成比较完善的党内法规体系,战胜一系列重大风险挑战,实现第一个百年奋斗目标,明确实现第二个百年奋斗目标的战略安排,党和国家事业取得历史性成就、发生历史性变革,创造了新时代中国特色社会主义的伟大成就,为实现中华民族伟大复兴提供了更为完善的制度保证、更为坚实的物质基础、更为主动的精神力量。

从社会主义前途命运来看,中国特色社会主义新时代是把科

命运之旗
——新时代理论创新与新征程使命任务

学社会主义基本原理同我国具体实际、历史文化传统、时代要求紧密结合起来，更有定力、更有自信、更有智慧地坚持和发展中国特色社会主义，让科学社会主义在21世纪焕发出新的蓬勃生机的时代。

500多年前的1516年，英国人托马斯·莫尔撰写了《关于最完美的国家制度和乌托邦新岛的既有益又有趣的金书》（《乌托邦》）。书中断言，在私有制度下，既谈不到正义，也谈不到社会太平。在私有制度下，每个人都尽可能把一切据为己有，社会财富再多，也总是会被少数人控制，而多数人的命运只能是在贫困中挣扎。少数拥有财富的人一般都是凶狠奸诈、自私自利的人；多数贫苦的人却每天都在为社会的福利而劳动。要改变这种不公平状况，建立真正公正的社会秩序，就必须彻底废除私有制。他理想中的"乌托邦"，就是一个没有私有制，政治民主、共同劳动、财产公有、按需分配、没有贫困、人人幸福的国度。尽管莫尔后来被英国以叛国罪杀害，但他却拉开了世界社会主义思潮的大幕。早期的空想社会主义者对理想社会作了很多美好的设想，但由于看不到资本主义内在矛盾的实质及其发展规律，因而也找不到通往理想社会的可行路径。早期空想社会主义的三个代表人物，圣西门因失望而自杀，虽被抢救过来，却弄瞎了一只眼睛；傅立叶在孤独寂寞中死去，如果不是一位看门的妇人发现，都没有人知道他的死讯；欧文前半生赚了很多钱，跑到美国去搞"和谐公社"的乌托邦试验，钱花光了，试验也失败了。直到马克思创建了唯物史观和剩余价值学说，揭示了资本主义发展的特殊规律，进而揭示了人类社会发展的一般规律，为全世界无产者指明了实现自由和解放的道路，社会主义才完成了从空想到科学的历史飞跃。

一 站在时代之巅

科学社会主义一经诞生,就在人类文明进步的舞台上演绎了一幕幕壮阔史诗。但到了1990年前后,东欧剧变,苏联解体,世界社会主义运动陷入低谷。马克思主义还行不行?社会主义还有没有前途?巨大的问号摆在世人面前。

资产阶级政治家兴高采烈,其中最有代表性的人物之一是曾任美国总统国家安全事务助理的布热津斯基,他在苏东局势剧烈动荡的1989年出版了《大失败——二十世纪共产主义的兴亡》一书,自说自话地宣布了"共产主义的消亡":"共产主义已不再负担任何历史使命,民主国家对社会有高度的社会责任感,并真正尊重个人的政治自由","到下个世纪,共产主义将不可逆转地在历史上衰亡","后共产主义将是这样一种制度,在这种制度下,共产主义的消亡已经进展到如此程度,无论是马克思主义理论,还是共产党人的实践,都不再对那时的国家政策具有重大影响"。现在,21世纪已经过去了20多年,由于中国特色社会主义的成功,人们看到的是,社会主义正在全球复兴,布热津斯基的预言并没有变成现实,反而资本主义在日益加剧的内部矛盾中动荡不安。

对于苏东剧变的原因,原苏联、东欧国家的一些领导人也进行了反思,比如,曾任苏联部长会议主席(政府总理)的雷日科夫在回忆录中指出:"任何一个社会制度,如果能全面发展,经常不断地回应时代的新要求,那它就是一个足够稳定的制度。停滞是制度老化、制度毁灭的前兆。所以,苏联社会根据新时代的要求进行改革,就成为历史的需要和必然。它无疑应该早在几十年之前就开始,如果当时就去完成这样一个复杂的过程,无论是经济条件、社会条件还是其他条件,显然都要有利得多。但正如大家所了解的那样,这一过程直到1985年才到来,而它的道路上铺满的已经不是玫

命运之旗
——新时代理论创新与新征程使命任务

瑰，而是荆棘。"原苏共中央政治局委员、书记处书记利加乔夫（苏共中央二号领导人）在回忆录中对苏联改革道路上铺满的"荆棘"作了详细描述："极右报刊所描绘的不是多维的历史，不是成就与错误相互矛盾地交织在一起的历史，而只是阴暗的污点。根据那些文章判断，过去没有一点好东西，我们的父辈和祖辈在这块土地上毫无疑义地备受折磨，陷入苦海，时代的延续性被打断了……这种不公正的、恶意中伤的，不真实的歪曲报道惊扰和刺激了社会气氛。于是矛头开始对准共产党、苏共，对准了党的历史（我再说一遍，这是艰难的，然而是光荣的历史），最终指向了人民，指向人民对历史的怀念。""改革"变成了对党和党的历史的控诉和声讨，这样的"改革"最终必然导向推翻党的执政地位。曾任保加利亚共产党中央第一书记的日夫科夫在回忆录中反思道："我们共同体各国的社会主义悲剧，我们将向马克思做什么样的总结呢？显然，在这个总结中不能漏掉马克思如何经常从源头、从主要方面被伪造。他被伪造得已不成其为马克思了。还有，不能漏掉马克思所奠定的原理怎样没有被进一步发展，以致使我们不能从所处的死胡同里找到出路。特别重要的是，它没有被进一步发展到让我们能够回答什么是社会主义。最使我失望的是关于社会主义本质的问题仍没有完全弄清楚。"他指出了两个关键，一个是没有发展马克思主义，一个是没有搞清楚什么是社会主义。

遗憾的是，他们的反思太晚了，国家已经变色，政权已经丧失，党已经不复存在。历史不会给他们纠正错误的机会。

在这个时期，对于中国社会主义的前途，也有很多噪音。布热津斯基在《大失败——二十世纪共产主义的兴亡》里也作了预言，他一方面承认中国的改革取得了令人信服的成绩，另一方面却又不承认中国搞的是社会主义,他给中国特色社会主义起了个新名字——"商业共产主义",而且自信地认为,中国的改革必然"要求进一步摒弃马克思列宁主义学说",最后中国"将不再是一个公有制的国家"。不是公有制国家,那就是私有制国家,就是资本主义国家,这是布热津斯基的预言。在国内,也有人产生悲观情绪:在一片红旗落地的恶劣形势下,中国还能独自坚持多久呢?

30多年后的今天再回首,中国共产党人用无与伦比的成就回应了那些对中国社会主义前途命运的种种臆测和担忧,正如习近平总书记指出的:"一个国家实行什么样的主义,关键要看这个主义能否解决这个国家面临的历史性课题。在中华民族积贫积弱、任人宰割的时期,各种主义和思潮都进行过尝试,资本主义道路没有走通,改良主义、自由主义、社会达尔文主义、无政府主义、实用主义、民粹主义、工团主义等也都'你方唱罢我登场',但都没能解决中国的前途和命运问题。是马克思列宁主义、毛泽东思想引导中国人民走出了漫漫长夜、建立了新中国,是中国特色社会主义使中国快速发展起来了。不说更早的时期,就从改革开放开始,特别是苏联解体、东欧剧变以后,唱衰中国的舆论在国际上不绝于耳,各式各样的'中国崩溃论'从来没有中断过。但是,中国非但没有崩溃,反而综合国力与日俱增,人民生活水平不断提高,'风景这边独好'。历史和现实都告诉我们,只有社会主义才能救中国,只有中国特色社会主义才能发展中国,这是历史的结论、人民的选择。"中国特色社会主义的旗帜高高飘扬,新时代中国特色社会主义彰显出强大生机活力。中国,没有辜负社会主义!对此,习近平总书记深刻指出:"历史总是按自己的逻辑向前演进。中国特色社会主义在中国取得巨大成功表明,社会主义没有灭亡,也不会灭亡,而且焕发出蓬勃生机活力。科学社会主义在中国的成功，对马克思主义、科学社会主义的意义，对世界社会主义的意义，是十分重大的。可以设想一下，如果社会主义在中国没有取得今天的成功，如果中国共产党领导和我国社会主义制度也在苏联解体、苏共垮台、东欧剧变那场多米诺骨牌式的变化中倒塌了，或者因为其他原因失败了，那社会主义实践就可能又要长期在黑暗中徘徊了，又要像马克思所说的那样作为一个幽灵在世界上徘徊了。"这就是中国特色社会主义新时代对世界社会主义前途命运的意义所在。

中国并不是"孤独的巨人"。1992年，邓小平在视察南方的谈话中坚定地预言："我坚信，世界上赞成马克思主义的人会多起来的，因为马克思主义是科学。它运用历史唯物主义揭示了人类社会发展的规律。封建社会代替奴隶社会，资本主义代替封建主义，社会主义经历一个长过程发展后必然代替资本主义。这是社会历史发展不可逆转的总趋势，但道路是曲折的。资本主义代替封建主义的几百年间，发生过多少次王朝复辟？所以，从一定意义上说，某种暂时复辟也是难以完全避免的规律性现象。一些国家出现严重曲折，社会主义好像被削弱了，但人民经受锻炼，从中吸收教训，将促使社会主义向着更加健康的方向发展。因此，不要惊慌失措，不要认为马克思主义就消失了，没用了，失败了。哪有这回事！"2022年10月，巴西选举中，左翼阵营劳工党候选人卢拉再次当选为巴西总统，卢拉的胜选意味着，占拉丁美洲人口总数70%的6个国家（巴西、墨西哥、哥伦比亚、秘鲁、委内瑞拉、智利），由左翼政党领导。拉美政坛为什么会出现集体"向左转"的势头？原因是多方面的，有对美国霸权的不满，有对资本主义经济危机的不满，有对原右翼统治阶层维护资本家利益和严重贪腐的不满，但归根结

一　站在时代之巅

底，是绝大多数人民希望过更好的日子。而从这个角度看，科学社会主义就是为大多数人求解放、谋幸福的学说，这就是它终将被绝大多数劳动者接受和践行的根本依据。

从整个世界发展来看，中国特色社会主义新时代是中国为解决人类问题贡献更多智慧和方案的时代。

1956年为纪念孙中山诞辰90周年，毛泽东发表了《纪念孙中山先生》一文，其中写道："一九一一年的革命，即辛亥革命，到今年，不过四十五年，中国的面目完全变了。再过四十五年，就是二千零一年，也就是进到二十一世纪的时候，中国的面目更要大变。中国将变为一个强大的社会主义工业国。中国应当这样。因为中国是一个具有九百六十万平方公里土地和六万万人口的国家，中国应当对于人类有较大的贡献。而这种贡献，在过去一个长时期内，则是太少了。这使我们感到惭愧。"这里的"惭愧"，不是礼节性的客套话，而是饱含着对历史的自豪与叹息，更彰显着对未来的强烈自信。对历史的自豪，是因为在5000多年漫长文明发展史中，中华民族创造了璀璨夺目的中华文明，为人类文明进步事业作出了巨大贡献；对历史的叹息，是因为近代中国落伍于世界发展，饱受欺凌，对世界的贡献不多；对未来的自信，是因为毛泽东坚信，在中国共产党领导下，中国一定能建成一个强大的社会主义国家，一定能为世界作出超越古人的贡献。2012年，党的十八大刚刚闭幕，在十八届中央政治局常委同中外记者见面时，习近平总书记就指出，我们的责任就是"接过历史的接力棒，继续为实现中华民族伟大复兴而努力奋斗，使中华民族更加坚强有力地自立于世界民族之林，为人类作出新的更大的贡献"。新时代10多年来，我们看到，中国日益走近世界舞台中心，以负责任的大国姿态，为维护世界和平、促进共同发展作出了重大贡献。中国完全依靠自己的奋斗、自己的力量，完成了脱贫攻坚任务，消除了绝对贫困，这是人类历史上规模空前、力度最大、惠及人口最多的脱贫攻坚战，是人类减贫史上的伟大奇迹。中国作为世界上唯一不靠侵略、掠夺和剥削他国，而靠本国人民不懈奋斗发展起来的大国，在中国式现代化道路上阔步向前，其中的发展经验、发展理念、发展方案为世界上众多发展中国家提供了借鉴和参考，这是对世界现代化道路选择的重大贡献。中国坚持互利共赢，世界众多国家从中国的发展中受益，特别是在金融危机和世纪疫情的一连串打击下，世界经济普遍不振，而根据世界银行的世界发展指标（WDI）数据库测算，2013年至2021年，中国对世界经济增长的平均贡献率达到38.6%，超过七国集团贡献率的总和；2023年，在全球经济严重低迷的大背景下，中国对世界经济增长的贡献率依然超过30%，这是中国为推动世界经济增长作出的重大贡献。中国恪守《联合国宪章》，坚持和平共处五项原则，推动构建人类命运共同体，在国际事务中坚持正义，反对霸权，反对形形色色不合理的所谓"国际秩序"，推动构建新型国际关系、完善全球治理，为世界和平与发展作出了重大贡献。

站在这个新的历史方位放眼未来，首先要清醒地认识到，我国社会主要矛盾已经转化为人民日益增长的美好生活需要和不平衡不充分的发展之间的矛盾。

社会主要矛盾是各种社会矛盾的主要根源和集中反映，在社会矛盾运动中居于主导地位。推动党和国家事业不断向前发展，必须找准我国社会的主要矛盾。关于我国社会主要矛盾的提法，我们党有过两次集中概括，一次是1956年党的八大，一次是1981年党的十一届六中全会。党的八大指出："我们国内的主要矛盾，已经是人民对于建立先进的工业国的要求同落后的农业国的现实之间的矛盾,已经是人民对于经济文化迅速发展的需要同当前经济文化不能满足人民需要的状况之间的矛盾。"这个结论是完全正确的,但遗憾的是,党的八大的正确认识未能完全坚持下去,"左"的错误在随后几年不断发展,直到酿成"文化大革命"十年内乱,使党、国家、人民遭到新中国成立以来最严重的挫折和损失,教训极其惨痛。党的十一届六中全会全面总结了新中国成立后的经验教训,通过了《关于建国以来党的若干历史问题的决议》,在对历史经验和我国国情作出科学分析的基础上,对我国社会主要矛盾进行了新的概括,指出"在社会主义改造基本完成以后,我国所要解决的主要矛盾,是人民日益增长的物质文化需要同落后的社会生产之间的矛盾"。1982年党的十二大通过的《中国共产党章程》,把这个新的表述写入了总纲部分。经过40多年改革开放的深入推进,随着中国特色社会主义的深入发展,我国已全面建成小康社会,人民的美好生活需要日益广泛,不仅对物质文化生活提出了更高要求,而且在民主、法治、公平、正义、安全、环境等方面的要求日益增长。同时,我国社会生产力水平总体上显著提高,社会生产能力在很多方面进入世界前列。更加突出的问题是发展不平衡不充分,这已经成为满足人民日益增长的美好生活需要的主要制约因素。

如何看待社会主要矛盾的这个变化?

一是要看到,这个变化体现了经过改革开放几十年持续快速发展,中国特色社会主义取得重大成就。我国综合国力显著增强,人民生活得到极大改善,开始从追求"衣食无忧"向追求"高品质生活"转变,从主要着重于物质生活改善向更重视文化教育、公平正义、环境优美等全方位改善转变。对这一点,习近平同志在刚刚担

命运之旗
——新时代理论创新与新征程使命任务

任总书记时就明确指出来了，他说："我们的人民热爱生活，期盼有更好的教育、更稳定的工作、更满意的收入、更可靠的社会保障、更高水平的医疗卫生服务、更舒适的居住条件、更优美的环境，期盼着孩子们能成长得更好、工作得更好、生活得更好。人民对美好生活的向往，就是我们的奋斗目标。"我们完全有理由因此而自豪，但自豪不能自满，决不能躺在过去的功劳簿上不再前进。

二是要看到，这个变化没有改变对我国社会主义所处历史阶段的判断，我国仍处于并将长期处于社会主义初级阶段的基本国情没有变，我国是世界最大发展中国家的国际地位没有变。这就要求牢牢把握社会主义初级阶段这个基本国情，牢牢立足社会主义初级阶段这个最大实际，牢牢坚持党在社会主义初级阶段的基本路线这个党和国家的生命线、人民的幸福线。

三是要看到，这个变化是关系全局的历史性变化，对党和国家工作提出了许多新要求。要求我们在继续推动发展的基础上，着力解决好发展不平衡不充分问题，大力提升发展质量和效益，更好满足人民在经济、政治、文化、社会、生态等方面日益增长的需要，更好推动人的全面发展、社会全面进步。

社会主要矛盾集中反映了社会发展的关键问题，其变化标志着解决这个矛盾的方向、重点、途径都要相应进行调整和改变。中国共产党在中国特色社会主义新时代的历史使命是实现中华民族伟大复兴中国梦，这是近代以来中华民族最伟大的梦想。为了实现这个梦想，党团结带领人民历经千难万险，付出巨大牺牲，敢于面对曲折，勇于修正错误，攻克了一个又一个看似不可攻克的难关，创造了一个又一个彪炳史册的人间奇迹，比历史上任何时期都更接近、更有信心和能力实现中华民族伟大复兴的目标。但同时也要看到，行百里者半九十，中华民族伟大复兴绝不是轻轻松松、敲锣打鼓就能实现的。

在新时代，为了更好地担负起实现中华民族伟大复兴的历史使命，全党必须准备付出更为艰巨、更为艰苦的努力。实现伟大梦想，必须进行伟大斗争，必须建设伟大工程，必须推进伟大事业。

关于进行伟大斗争，习近平总书记指出：社会是在矛盾运动中前进的，有矛盾就会有斗争。我们党要团结带领人民有效应对重大挑战、抵御重大风险、克服重大阻力、解决重大矛盾，必须进行具有许多新的历史特点的伟大斗争，任何贪图享受、消极懈怠、回避矛盾的思想和行为都是错误的。全党要更加自觉地坚持党的领导和我国社会主义制度，坚决反对一切削弱、歪曲、否定党的领导和我国社会主义制度的言行；更加自觉地维护人民利益，坚决反对一切损害人民利益、脱离群众的行为；更加自觉地投身改革创新时代潮流，坚决破除一切顽瘴痼疾；更加自觉地维护我国主权、安全、发展利益，坚决反对一切分裂祖国、破坏民族团结和社会和谐稳定的行为；更加自觉地防范各种风险，坚决战胜一切在政治、经济、文化、社会等领域和自然界出现的困难和挑战。全党要充分认识这场伟大斗争的长期性、复杂性、艰巨性，发扬斗争精神，提高斗争本领，不断夺取伟大斗争新胜利。

关于建设伟大工程，习近平总书记指出：这个伟大工程就是我们党正在深入推进的党的建设新的伟大工程。历史已经并将继续证明，没有中国共产党的领导，民族复兴必然是空想。我们党要始终成为时代先锋、民族脊梁，始终成为马克思主义执政党，自身必须始终过硬。全党要更加自觉地坚定党性原则，勇于直面问题，敢于刮骨疗毒，消除一切损害党的先进性和纯洁性的因素，清除一切侵蚀党的健康肌体的病毒，不断增强党的政治领导力、思想引领力、群众组织力、社会号召力，确保我们党永葆旺盛生命力和强大战斗力。

关于推进伟大事业，习近平总书记指出：中国特色社会主义是改革开放以来党的全部理论和实践的主题，是党和人民历尽千辛万苦、付出巨大代价取得的根本成就。中国特色社会主义道路是实现社会主义现代化、创造人民美好生活的必由之路，中国特色社会主义理论体系是指导党和人民实现中华民族伟大复兴的正确理论，中国特色社会主义制度是当代中国发展进步的根本制度保障，中国特色社会主义文化是激励全党全国各族人民奋勇前进的强大精神力量。全党要更加自觉地增强道路自信、理论自信、制度自信、文化自信，既不走封闭僵化的老路，也不走改旗易帜的邪路，保持政治定力，坚持实干兴邦，始终坚持和发展中国特色社会主义。

伟大斗争，伟大工程，伟大事业，伟大梦想，紧密联系、相互贯通、相互作用，其中起决定性作用的是党的建设新的伟大工程。把党的建设作为一项伟大工程来推进，是我们党的一大创举，是我们党领导人民进行伟大社会革命的重要法宝。中国特色社会主义最本质的特征是中国共产党领导，中国特色社会主义制度的最大优势是中国共产党领导。坚持和完善党的领导，是党和国家的根本所在、命脉所在，是全国各族人民的利益所在、幸福所在。推进党的建设新的伟大工程要一以贯之，常抓不懈。

2. 三个重大时代课题

党的十九届六中全会通过的《中共中央关于党的百年奋斗重大成就和历史经验的决议》指出:"习近平同志对关系新时代党和国家事业发展的一系列重大理论和实践问题进行了深邃思考和科学判断,就新时代坚持和发展什么样的中国特色社会主义、怎样坚持和发展中国特色社会主义,建设什么样的社会主义现代化强国、怎样建设社会主义现代化强国,建设什么样的长期执政的马克思主义政党、怎样建设长期执政的马克思主义政党等重大时代课题,提出一系列原创性的治国理政新理念新思想新战略,是习近平新时代中国特色社会主义思想的主要创立者。"

问题是时代的声音,回答并指导解决问题是理论的根本任务。一切划时代的理论创新,都是在应对时代新课题中不断丰富和完善的,科学理论的根本价值就在于不断及时回答并在实践中不断解决时代课题。我们党百余年的奋斗史,从一定意义上讲,就是不断回答和解决重大时代课题的历史。毛泽东说过:"我们的同志不要靠老资格吃饭,要靠解决问题正确吃饭。"习近平总书记指出:"每个时代总有属于它自己的问题,只要科学地认识、准确地把握、正确地解决这些问题,就能够把我们的社会不断推向前进。"改革开放和社会主义现代化建设新时期,在中国特色社会主义的实践发展中,我们党围绕"什么是社会主义、怎样建设社会主义""建设什么样的党、怎样建设党""实现什么样的发展、怎样发展"三个重大时代课题进行了科学回答,形成了中国特色社会主义理论体系,

命运之旗
——新时代理论创新与新征程使命任务

实现了马克思主义中国化新的飞跃。

进入中国特色社会主义新时代,党清醒认识到,外部环境变化带来许多新的风险挑战,国内改革发展稳定面临不少长期没有解决的深层次矛盾和问题以及新出现的一些矛盾和问题,管党治党一度宽松软带来党内消极腐败现象蔓延、政治生态出现严重问题,党群干群关系受到损害,党的创造力、凝聚力、战斗力受到削弱,党治国理政面临重大考验。这些深层次矛盾和问题,概括起来,就是新时代坚持和发展什么样的中国特色社会主义、怎样坚持和发展中国特色社会主义,建设什么样的社会主义现代化强国、怎样建设社会主义现代化强国,建设什么样的长期执政的马克思主义政党、怎样建设长期执政的马克思主义政党这三大时代课题。

三大时代课题不是彼此孤立的,而是一个环环相扣、紧密关联的统一体,回答这三大时代课题是新时代党的理论创新的主线。

关于坚持和发展什么样的中国特色社会主义、怎样坚持和发展中国特色社会主义,习近平总书记指出:"中国特色社会主义,既坚持了科学社会主义基本原则,又根据时代条件赋予其鲜明的中国特色。这就是说,中国特色社会主义是社会主义,不是别的什么主义。""坚定中国特色社会主义道路自信、理论自信、制度自信、文化自信,不断夺取中国特色社会主义新胜利,是当代中国共产党人最核心的使命。"同时他又指出:"我们强调坚定道路自信、理论自信、制度自信、文化自信,不是说就固步自封、不思进取了,我们必须不断有所发现、有所发明、有所创造、有所前进,使中国特色社会主义永远充满蓬勃生机活力。"一个国家实行什么样的主义,关键要看这个主义能否解决这个国家面临的历史性课题。历史和现实都告诉我们,只有社会主义才能救中国,只有中国特色社会主义才能发展中国，这是历史的结论、人民的选择。一段时间里，国内外一些舆论对中国现在搞的究竟还是不是社会主义提出质疑，有人说是"资本社会主义"，还有人干脆说是"国家资本主义""新官僚资本主义"。这些都是完全错误的。我们说中国特色社会主义是社会主义，那就是不论怎么改革、怎么开放，都始终要坚持中国特色社会主义道路、中国特色社会主义理论、中国特色社会主义制度、中国特色社会主义文化不动摇，真正做到"千磨万击还坚劲，任尔东西南北风"。坚持和发展中国特色社会主义是一篇大文章，改革开放和社会主义现代化建设新时期我们党已经书写了精彩的篇章，新时代我们必须一以贯之坚持好发展好，不断赋予中国特色社会主义道路、理论、制度、文化以鲜明的实践特色、理论特色、民族特色、时代特色，以新的精神状态和奋斗姿态继续谱写新时代中国特色社会主义崭新篇章。党的十八大以来，以习近平同志为核心的党中央不断深化对共产党执政规律、社会主义建设规律、人类社会发展规律的认识，科学回答了新时代坚持和发展中国特色社会主义的总目标、总任务、总体布局、战略布局和发展方向、发展方式、发展动力、战略步骤、外部条件、政治保证等基本问题，推动党和国家事业取得历史性成就、发生历史性变革，开创了中国特色社会主义新时代。中国特色社会主义的生动实践和历史成就证明了科学社会主义的强大生命力，也进一步坚定了我们继续坚持和发展中国特色社会主义的决心和信心。中国特色社会主义是一项前无古人的开创性事业，前进道路上必定不会一帆风顺。这就要求我们在道路、理论、制度和文化上要坚定不移，坚持以经济建设为中心，坚持四项基本原则，坚持改革开放，无论遇到什么风浪都道不变、志不改，既不走封闭僵化的老路，也不走改旗易帜的邪路，坚持把中国

命运之旗
——新时代理论创新与新征程使命任务

发展进步的命运牢牢掌握在自己手中。

关于建设什么样的社会主义现代化强国、怎样建设社会主义现代化强国，习近平总书记指出：中国式现代化既有各国现代化的共同特征，更有基于自己国情的鲜明特色。党的二十大报告明确概括了中国式现代化五个方面的中国特色，深刻揭示了中国式现代化的科学内涵。这既是理论概括，也是实践要求，为全面建成社会主义现代化强国、实现中华民族伟大复兴指明了一条康庄大道。实践证明，中国式现代化走得通、行得稳，是强国建设、民族复兴的唯一正确道路。建设现代化强国，是近代以来中国人的梦想。中国从来都是一个大国，国土面积大，人口众多，历史上很长时间也是一个强国，但近代以来的落伍使得中国变成了大而不强、大而积弱的国家。新中国成立后，1954年，在一届全国人大一次会议上毛泽东提出把中国"建设成为一个工业化的具有高度现代文化程度的伟大的国家"；1964年，毛泽东审阅周恩来在三届全国人大一次会议上的政府工作报告草稿时，特意加写了一段话："我们必须打破常规，尽量采用先进技术，在一个不太长的历史时期内，把我国建设成为一个社会主义的现代化的强国。"围绕着建设社会主义现代化强国目标，中国共产党领导中国人民进行了艰辛而卓有成效的探索，这个探索在理论上的最新成果，就是党的二十大所指出的：在新中国成立特别是改革开放以来长期探索和实践基础上，经过党的十八大以来在理论和实践上的创新突破，我们党成功推进和拓展了中国式现代化。一个国家选择什么样的现代化道路，是由其历史传统、社会制度、发展条件、外部环境等诸多因素决定的。国情不同，现代化途径也会不同。中国成功走出了自己的中国式现代化道路，为中华民族伟大复兴开辟了广阔前景。

一 站在时代之巅

关于建设什么样的长期执政的马克思主义政党、怎样建设长期执政的马克思主义政党，习近平总书记指出："中国特色社会主义最本质的特征是中国共产党领导，中国特色社会主义制度的最大优势是中国共产党领导，中国共产党是最高政治领导力量，坚持党中央集中统一领导是最高政治原则。"办好中国的事情，关键在党。党要长期执政、永葆活力，最重要的是把党建设得更加坚强有力。党代表中国最广大人民根本利益，没有任何自己特殊的利益，从来不代表任何利益集团、任何权势团体、任何特权阶层的利益，这是党立于不败之地的根本所在。党的十八大以来，习近平总书记围绕建设什么样的长期执政的马克思主义政党、怎样建设长期执政的马克思主义政党的重大时代课题，提出全面从严治党战略方针、坚持和加强党的全面领导、以党的自我革命引领社会革命、新时代党的建设总要求、新时代党的组织路线等一系列原创性的新理念新思想新战略，讲出了经典作家没有讲过的新话，回答了前人没有回答过的课题，形成了习近平总书记关于党的建设的重要思想。这一重要思想，深刻阐明党的建设的根本原则、科学布局、价值追求、重点任务，继承和发展马克思列宁主义、毛泽东思想、邓小平理论、"三个代表"重要思想、科学发展观中的党建理论，极大丰富和发展了马克思主义建党学说，谱写了马克思主义建党学说发展的新篇章，标志着我们党对马克思主义执政党建设规律的认识达到了新高度。

对新时代三个重大时代课题的深邃思考和科学回答，特别是一系列意义重大深远的原创性理论贡献，实现了马克思主义在当代中国的突破性发展、创造性转化、创新性升华，彰显了创新理论的思想伟力，体现了我们党认识和把握共产党执政规律、社会主义建设规律、人类社会发展规律的新高度、新境界。毫无疑问，前进的道路上，我们还可能遇到新的重大时代课题，我们会通过理论创新和实践探索继续给出新的回答。

3. "两个结合"：根与魂

在庆祝中国共产党成立100周年大会上，习近平总书记首次正式提出"两个结合"的重要论断，提出新的征程上要全面贯彻新时代中国特色社会主义思想，坚持把马克思主义基本原理同中国具体实际相结合、同中华优秀传统文化相结合，用马克思主义观察时代、把握时代、引领时代，继续发展当代中国马克思主义、21世纪马克思主义。在党的二十大上，他从推进马克思主义中国化时代化的角度指出："中国共产党人深刻认识到，只有把马克思主义基本原理同中国具体实际相结合、同中华优秀传统文化相结合，坚持运用辩证唯物主义和历史唯物主义，才能正确回答时代和实践提出的重大问题，才能始终保持马克思主义的蓬勃生机和旺盛活力。"他强调："马克思主义中国化时代化这个重大命题本身就决定，我们决不能抛弃马克思主义这个魂脉，决不能抛弃中华优秀传统文化这个根脉。坚守好这个魂和根，是理论创新的基础和前提。"

"魂"与"根"都是比喻，古人说："魂者，精气也"，"随神往来者谓之魂"，"魂魄毅兮为鬼雄"；"根，木株也"，"求木之长者，必固其根本"，"君子所性，仁义礼智根于心"。魂脉，指思想文化的灵魂、核心和命脉；根脉，指思想文化的根本、源泉和血脉。

一　站在时代之巅

"魂脉"和"根脉"表达了马克思主义和中华优秀传统文化在党的理论创新中的极端重要性，突出强调了对待指导思想的"老祖宗"和文化源泉的"老祖宗"的正确态度。

马克思主义是我们党和国家的指导思想，是中国共产党人的精神之魂。习近平总书记在纪念马克思诞辰200周年大会上的讲话中指出："我们要坚持和运用辩证唯物主义和历史唯物主义的世界观和方法论，坚持和运用马克思主义立场、观点、方法，坚持和运用马克思主义关于世界的物质性及其发展规律，关于人类社会发展的自然性、历史性及其相关规律，关于人的解放和自由全面发展的规律，关于认识的本质及其发展规律等原理，坚持和运用马克思主义的实践观、群众观、阶级观、发展观、矛盾观，真正把马克思主义这个看家本领学精悟透用好。"

中华优秀传统文化是中华民族的历史文化基因，是中国5000多年文明史的重要组成部分，也是世界文明史的重要组成部分。马克思、恩格斯在他们的著作里对中国古代文明及其对世界的影响有过很多阐述，比如，马克思在《机器。自然力和科学的应用》一书里曾这样高度赞誉中国古代发明对世界进程的贡献："火药、指南针、印刷术——这是预告资产阶级社会到来的三大发明。火药把骑士阶层炸得粉碎，指南针打开了世界市场并建立了殖民地，而印刷术则变成新教的工具，总的来说变成科学复兴的手段，变成对精神发展创造必要前提的最强大的杠杆。"习近平总书记在党的二十大报告中指出："中华优秀传统文化源远流长、博大精深，是中华文明的智慧结晶，其中蕴含的天下为公、民为邦本、为政以德、革故鼎新、任人唯贤、天人合一、自强不息、厚德载物、讲信修睦、亲仁善邻等，是中国人民在长期生产生活中积累的宇宙观、天下观、社会观、道德观的重要体现，同科学社会主义价值观主张具有高度契合性。"

坚持和发展马克思主义，必须同中国具体实际相结合。我们坚持以马克思主义为指导，是要运用其科学的世界观和方法论解决中国的问题，而不是要背诵和重复其具体结论和词句，更不能把马克思主义当成一成不变的教条。我们必须坚持解放思想、实事求是、与时俱进、求真务实，一切从实际出发，着眼解决新时代改革开放和社会主义现代化建设的实际问题，不断回答中国之问、世界之问、人民之问、时代之问，作出符合中国实际和时代要求的正确回答，得出符合客观规律的科学认识，形成与时俱进的理论成果，更好指导中国实践。

坚持和发展马克思主义，必须同中华优秀传统文化相结合。我们必须坚定历史自信、文化自信，坚持古为今用、推陈出新，把马克思主义思想精髓同中华优秀传统文化精华贯通起来、同人民群众日用而不觉的共同价值观念融通起来，不断赋予科学理论鲜明的中国特色，不断夯实马克思主义中国化时代化的历史基础和群众基础，让马克思主义在中国牢牢扎根。

我们知道，"第一个结合"是1938年毛泽东在党的六届六中全会的报告《论新阶段》中提出的，他说："共产党员是国际主义的马克思主义者，但是马克思主义必须和我国的具体特点相结合并通过一定的民族形式才能实现。马克思列宁主义的伟大力量，就在于它是和各个国家具体的革命实践相联系的。对于中国共产党说来，就是要学会把马克思列宁主义的理论应用于中国的具体的环境。成为伟大中华民族的一部分而和这个民族血肉相连的共产党员，离开中国特点来谈马克思主义，只是抽象的空洞的马克思主义。因此，使马克思主义在中国具体化，使之在其每一表现中带着必须有的中

一　站在时代之巅

国的特性，即是说，按照中国的特点去应用它，成为全党亟待了解并亟须解决的问题。"习近平总书记关于"两个结合"尤其是"第二个结合"的重要论述，是在"第一个结合"基础上对马克思主义中国化时代化认识的深化和拓展。

"两个结合"，既相互区别又紧密联系。就每一个结合的对象、内容、方式、目标而言，无疑是相互区别的。第一个结合，马克思主义基本原理同中国具体实际相结合，本质上是理论与实际的结合，是在两个领域间的贯通与融会。第二个结合，是一种理论学说与一种文化形态的结合，是同属精神领域中的认识成果之间的联通与互鉴。但"两个结合"又是紧密联系、不可分割的有机整体，道理在于，"两个结合"的立足点是共同的，都是从马克思主义基本原理出发；"两个结合"的目的是共同的，都是为了坚持和发展马克思主义；"两个结合"的方法是共同的，都是"六个必须坚持"。

需要指出的是，强调中华优秀传统文化的重要性，决不等于排斥国外的优秀文化成果。习近平总书记的文化视野是极其宽广的，从他的著作和谈话中，我们既可以看到对马克思、恩格斯、列宁、毛泽东等经典作家著作的炉火纯青的掌握，也可以看到对中国历史文化典籍的信手拈来的引用，还可以看到对国外优秀文化作品的博闻强识。他在访问俄罗斯时谈道："我读过很多俄罗斯作家的作品，如克雷洛夫、普希金、果戈里、莱蒙托夫、屠格涅夫、陀思妥耶夫斯基、涅克拉索夫、车尔尼雪夫斯基、托尔斯泰、契诃夫、肖洛霍夫，他们书中许多精彩章节和情节我都记得很清楚。"他在巴黎出席中法建交50周年纪念大会上的讲话中讲道："我青年时代就对法国文化抱有浓厚兴趣，法国的历史、哲学、文学、艺术深深吸引着我。读法国近现代史特别是法国大革命史的书籍，让我丰富了对人

命运之旗
——新时代理论创新与新征程使命任务

类社会政治演进规律的思考。读孟德斯鸠、伏尔泰、卢梭、狄德罗、圣西门、傅立叶、萨特等人的著作，让我加深了对思想进步对人类社会进步作用的认识。读蒙田、拉封丹、莫里哀、司汤达、巴尔扎克、雨果、大仲马、乔治·桑、福楼拜、小仲马、莫泊桑、罗曼·罗兰等人的著作，让我增加了对人类生活中悲欢离合的感触。冉阿让、卡西莫多、羊脂球等艺术形象至今仍栩栩如生地存在于我的脑海之中。欣赏米勒、马奈、德加、塞尚、莫奈、罗丹等人的艺术作品，以及赵无极中西合璧的画作，让我提升了自己的艺术鉴赏能力。还有，读凡尔纳的科幻小说，让我的头脑充满了无尽的想象。当然，法国的歌剧、芭蕾舞、建筑、体育、美食、时尚、电影等在中国也有广泛的吸引力。了解法兰西文化，使我能够更好认识中华文化，更好领略人类文明的博大精深、丰富多彩。"他在德国科尔伯基金会演讲时说："德国不仅以其发达的科学技术和现代制造业闻名世界，而且在哲学、文学、音乐等领域诞生许多享誉全球的巨擘，他们的许多作品早已为中国民众所熟知。这些作品中，有歌德、席勒、海涅等人的文学巨著和不朽诗篇，有莱布尼茨、康德、黑格尔、费尔巴哈、马克思、海德格尔、马尔库塞等人的哲学辩论，有巴赫、贝多芬、舒曼、勃拉姆斯等人的优美旋律。包括我本人在内的很多中国读者、听众都从他们的作品中获得愉悦、感受到思想的力量、加深了对世界和人生的认识。"我们要铸就中华文化新辉煌，就要以更加博大的胸怀，更加广泛地开展同各国的文化交流，更加积极主动地学习借鉴世界一切优秀文明成果。这与传承优秀传统文化、坚定文化自信并不矛盾。

由"一个结合"拓展到"两个结合"，不是简单地对"一个结合"的拆分，而是新时代对理论创新规律认识上的深化，具有重大

一　站在时代之巅

现实意义和深远历史意义。

"两个结合"是"中国特色"的关键。习近平总书记深刻指出："我们的社会主义为什么不一样？为什么能够生机勃勃、充满活力？关键就在于中国特色。中国特色的关键就在于'两个结合'。"也就是说，我们坚持的中国特色社会主义，是在马克思主义基本原理指导下，从中国具体实际中走出来的，也是从5000多年中华文明史中走出来的。独特的文化传统，独特的历史命运，独特的基本国情，注定了我们必然要走适合自己特点的发展道路。要讲清楚"中国特色"，就要讲清楚每个国家和民族的历史传统、文化积淀、基本国情不同，其发展道路必然有着自己的特色；讲清楚中华文化积淀着中华民族最深沉的精神追求，是中华民族生生不息、发展壮大的丰厚滋养；讲清楚中华优秀传统文化是中华民族的突出优势，是我们最深厚的文化软实力；讲清楚中国特色社会主义植根于中华文化沃土、反映中国人民意愿、适应中国和时代发展进步要求，有着深厚历史渊源和广泛现实基础。"结合"的前提是彼此契合。"结合"不是硬凑在一起的。马克思主义和中华优秀传统文化来源不同，但彼此存在高度的契合性。比如，天下为公、讲信修睦的社会追求与共产主义、社会主义的理想信念相通，民为邦本、为政以德的治理思想与人民至上的政治观念相融，革故鼎新、自强不息的担当意识与共产党人的革命精神相合。马克思主义从社会关系的角度把握人的本质，中华文化也把人安放在家国天下之中，都反对把人看作孤立的个体。相互契合才能有机结合。正是在这个意义上，我们才说中国共产党既是马克思主义的坚定信仰者和践行者，又是中华优秀传统文化的忠实继承者和弘扬者。

"两个结合"是掌握历史主动的关键。习近平总书记指出："我们要在迅速变化的时代中赢得主动，要在新的伟大斗争中赢得胜利，就要在坚持马克思主义基本原理的基础上，以更宽广的视野、更长远的眼光来思考和把握国家未来发展面临的一系列重大战略问题，在理论上不断拓展新视野、作出新概括。"一个国家能不能富强，一个民族能不能振兴，最重要的就是看这个国家、这个民族能不能顺应时代潮流，掌握历史前进的主动权。从党的100多年历史看，中国共产党既是马克思主义的坚定信仰者和践行者，也是中华优秀传统文化的忠实继承者和弘扬者。在重大历史转折关头和重要历史机遇面前，我们党之所以总是能够把握历史主动，乘势而上，关键在于党总是能够通过"两个结合"把握主动、赢得胜利。"结合"的结果是互相成就。"结合"不是"拼盘"，不是简单的"物理反应"，而是深刻的"化学反应"，造就了一个有机统一的新的文化生命体。一方面，马克思主义把先进的思想理论带到中国，以真理之光激活了中华文明的基因，引领中国走进现代世界，推动了中华文明的生命更新和现代转型。从民本到民主，从九州共贯到中华民族共同体，从万物并育到人与自然和谐共生，从富民厚生到共同富裕，中华文明别开生面，实现了从传统到现代的跨越，发展出中华文明的现代形态。另一方面，中华优秀传统文化充实了马克思主义的文化生命，推动马克思主义不断实现中国化时代化的新飞跃，显示出日益鲜明的中国风格与中国气派，中国化马克思主义成为中华文化和中国精神的时代精华。"第二个结合"让马克思主义成为中国的，中华优秀传统文化成为现代的，让经由"结合"而形成的中华民族新文化成为中国式现代化的文化形态。

"两个结合"是赢得未来的关键。"两个结合"贯通了过去、现在与未来。依靠"两个结合"，我们党领导人民创造了新民主主义革命的伟大成就，创造了社会主义革命和建设的伟大成就，创造了改革开放和社会主义现代化建设的伟大成就。在中国特色社会主义新时代，党和国家的事业之所以取得了历史性成就、发生了历史性变革，一个重要原因就是我们坚持了"两个结合"。"第二个结合"让中国特色社会主义道路有了更加宏阔深远的历史纵深，拓展了中国特色社会主义道路的文化根基。中国式现代化是强国建设、民族复兴的康庄大道。中国式现代化赋予中华文明以现代力量，中华文明赋予中国式现代化以深厚底蕴。中国式现代化是赓续古老文明的现代化，而不是消灭古老文明的现代化；是从中华大地长出来的现代化，不是照搬照抄其他国家的现代化；是文明更新的结果，不是文明断裂的产物。中国式现代化是中华民族的旧邦新命，必将推动中华文明重焕荣光。

"两个结合"是守正创新的关键。习近平总书记指出："每一种文明都延续着一个国家和民族的精神血脉，既需要薪火相传、代代守护，更需要与时俱进、勇于创新。"在长期的奋斗中，通过"结合"，我们掌握了思想和文化主动，并有力地作用于道路、理论和制度，不断激发创新创造的活力，取得了中国特色社会主义这一根本成就和中国式现代化这一重大成果，创造了人类文明新形态。新征程上，我们必须推动"两个结合"特别是"第二个结合"发生更多的"化学反应"，更好地把马克思主义思想精髓与中华优秀传统文化精华贯通起来，勇于进行实践基础上的创新创造，特别是探索面向未来的理论和制度创新，为丰富和发展人类文明新形态提供指引和支撑。"结合"本身就是创新，同时又开启了广阔的理论和实践创新空间。我们党开创的人民代表大会制度、政治协商制度，与中华文明的民本思想，天下共治理念，"共和""商量"的施政传统,"兼容并包、求同存异"的政治智慧都有深刻关联。我们没有搞联邦制、邦联制,而是确立了单一制国家形式,实行民族区域自治制度,就是顺应向内凝聚、多元一体的中华民族发展大趋势,承继九州共贯、六合同风、四海一家的中国文化大一统传统。更重要的是,"第二个结合"是又一次的思想解放,让我们能够在更广阔的文化空间中,充分运用中华优秀传统文化的宝贵资源,探索面向未来的理论和制度创新。

"两个结合"是坚定文化自信的关键。任何文化要立得住、行得远,要有引领力、凝聚力、塑造力、辐射力,就必须有自己的主体性。"结合"巩固了中国共产党和中国人民的文化主体性。有一段时间,一些地方热衷于给新建筑起一些带有外国色彩的名字,如"曼哈顿""威尼斯""加州1886""玛斯兰德"等,五花八门,与中国的文化习俗很不协调,不仅群众看得一头雾水、莫名其妙,而且也割断了地名文脉,不利于传承我们的民族文化。一些家长热衷于给孩子起带有外国色彩的名字,露茜、约翰、玛丽、伊凡、米歇尔、莫妮卡等等,不一而足,其中反映的深层社会心理,还是文化不自信的体现。从"契合"到"结合"不是自然而然发生的,而是需要文化主体的自觉和主动努力。把"一个结合"丰富发展为"两个结合",有力彰显和巩固了中国共产党和中国人民的文化主体性,集中反映和体现了新时代中国共产党人的自信自觉、自立自强,深刻表明我们党对中国道路、理论、制度的认识达到了新高度,表明我们党的历史自信、文化自信达到了新高度。新时代我们在道路自信、理论自信、制度自信的基础上增加了文化自信,文化自信就来自我们的文化主体性。这一主体性是中国共产党带领中国人民在中国大地上建立起来的;是在创造性转化、创新性发展中华优秀传统文化，继承革命文化，发展社会主义先进文化的基础上，借鉴吸收人类一切优秀文明成果的基础上建立起来的；是通过把马克思主义基本原理同中国具体实际、同中华优秀传统文化相结合建立起来的。创立习近平新时代中国特色社会主义思想就是这一文化主体性的最有力体现。有了文化主体性，就有了文化意义上坚定的自我，文化自信就有了根本依托，中国共产党就有了引领时代的强大文化力量，中华民族和中国人民就有了国家认同的坚实文化基础，中华文明就有了和世界其他文明交流互鉴的鲜明文化特性。

4. 开辟新境界，实现新飞跃

不断谱写马克思主义中国化时代化新篇章，是当代中国共产党人的庄严历史责任。马克思主义为中国革命、建设、改革提供了强大思想武器，使中国这个古老的东方大国创造了人类历史上前所未有的发展奇迹。历史和人民选择马克思主义是完全正确的，中国共产党把马克思主义写在自己的旗帜上是完全正确的，坚持马克思主义基本原理同中国具体实际相结合、同中华优秀传统文化相结合，不断推进马克思主义中国化时代化是完全正确的。当代中国的伟大社会变革，不是简单延续我国历史文化的母版，不是简单套用马克思主义经典作家设想的模板，不是其他国家社会主义实践的再版，也不是国外现代化发展的翻版，而是在不断回答中国之问、世界之问、人民之问、时代之问中，提出一系列原创性、原理性的治国理政新理念新思想新战略，推进了马克思主义中国化时代化。其最新成果，就是习近平新时代中国特色社会主义思想。习近平新时代中

命运之旗
——新时代理论创新与新征程使命任务

国特色社会主义思想实现了马克思主义中国化新的飞跃,开辟了马克思主义中国化时代化新境界。

习近平新时代中国特色社会主义思想内涵极为丰富深刻,包括"十个明确""十四个坚持""十三个方面成就"等主要内容和"六个必须坚持"的世界观、方法论以及贯穿其中的立场、观点、方法。

"十个明确",就是明确中国特色社会主义最本质的特征是中国共产党领导,中国特色社会主义制度的最大优势是中国共产党领导,中国共产党是最高政治领导力量,全党必须增强"四个意识"、坚定"四个自信"、做到"两个维护";明确坚持和发展中国特色社会主义,总任务是实现社会主义现代化和中华民族伟大复兴,在全面建成小康社会的基础上,分两步走在本世纪中叶建成富强民主文明和谐美丽的社会主义现代化强国,以中国式现代化推进中华民族伟大复兴;明确新时代我国社会主要矛盾是人民日益增长的美好生活需要和不平衡不充分的发展之间的矛盾,必须坚持以人民为中心的发展思想,发展全过程人民民主,推动人的全面发展、全体人民共同富裕取得更为明显的实质性进展;明确中国特色社会主义事业总体布局是经济建设、政治建设、文化建设、社会建设、生态文明建设五位一体,战略布局是全面建设社会主义现代化国家、全面深化改革、全面依法治国、全面从严治党"四个全面";明确全面深化改革总目标是完善和发展中国特色社会主义制度、推进国家治理体系和治理能力现代化;明确全面推进依法治国总目标是建设中国特色社会主义法治体系、建设社会主义法治国家;明确必须坚持和完善社会主义基本经济制度,使市场在资源配置中起决定性作用,更好发挥政府作用,把握新发展阶段,贯彻创新、协调、绿色、开放、共享的新发展理念,加快构建以国内大循环为主体、国内国际双循环相互促进的新发展格局，推动高质量发展，统筹发展和安全；明确党在新时代的强军目标是建设一支听党指挥、能打胜仗、作风优良的人民军队，把人民军队建设成为世界一流军队；明确中国特色大国外交要服务民族复兴、促进人类进步，推动建设新型国际关系，推动构建人类命运共同体；明确全面从严治党的战略方针，提出新时代党的建设总要求，全面推进党的政治建设、思想建设、组织建设、作风建设、纪律建设，把制度建设贯穿其中，深入推进反腐败斗争，落实管党治党政治责任，以伟大自我革命引领伟大社会革命。

"十四个坚持"，就是坚持党对一切工作的领导，坚持以人民为中心，坚持全面深化改革，坚持新发展理念，坚持人民当家作主，坚持全面依法治国，坚持社会主义核心价值体系，坚持在发展中保障和改善民生，坚持人与自然和谐共生，坚持总体国家安全观，坚持党对人民军队的绝对领导，坚持"一国两制"和推进祖国统一，坚持推动构建人类命运共同体，坚持全面从严治党。

"十三个方面成就"，就是在坚持党的全面领导、全面从严治党、经济建设、全面深化改革开放、政治建设、全面依法治国、文化建设、社会建设、生态文明建设、国防和军队建设、维护国家安全、坚持"一国两制"和推进祖国统一、外交工作等十三个方面取得的历史性成就和发生的历史性变革。

"六个必须坚持"，就是必须坚持人民至上、必须坚持自信自立、必须坚持守正创新、必须坚持问题导向、必须坚持系统观念、必须坚持胸怀天下。

"十个明确""十四个坚持""十三个方面成就""六个必须坚持"内在贯通、有机统一，凝结着我们党认识世界、改造世界的宝

命运之旗
——新时代理论创新与新征程使命任务

贵经验和重大成果，体现了理论和实际相结合、认识论和方法论相统一的鲜明特色，共同构成了习近平新时代中国特色社会主义思想的科学体系。这一科学体系逻辑严密、内涵丰富、系统全面、博大精深，贯通马克思主义哲学、马克思主义政治经济学、科学社会主义，贯通历史、现实和未来，贯通改革发展稳定、内政外交国防、治党治国治军等各领域，既坚持了"老祖宗"，又讲了很多新话，为丰富发展马克思主义作出了原创性贡献，为传承发展中华优秀传统文化作出了历史性贡献，为推动人类文明进步事业作出了世界性贡献。

习近平新时代中国特色社会主义思想与时俱进开辟了马克思主义中国化时代化的新境界。习近平新时代中国特色社会主义思想坚持把马克思主义基本原理同中国具体实际相结合、同中华优秀传统文化相结合，以高度的理论自觉和理论自信，创造性地阐明了新时代中国共产党人的马克思主义观，深刻回答了中国之问、世界之问、人民之问、时代之问。这一重要思想，以坚定的信仰、科学的态度、真理的精神，一以贯之坚持马克思主义，与时俱进发展马克思主义，使马克思主义以充沛活力和崭新形象展现于当代中国和当代世界。

习近平新时代中国特色社会主义思想励精图治开辟了新时代伟大变革的新境界。党的十八大以来，在习近平新时代中国特色社会主义思想指引下，以习近平同志为核心的党中央领导党和人民，采取一系列战略性举措，推进一系列变革性实践，实现一系列突破性进展，取得一系列标志性成果，攻克了许多长期没有解决的难题，办成了许多事关长远的大事要事，经受住了来自政治、经济、意识形态、自然界等方面的风险挑战考验，党和国家事业取得历史性成就、发生历史性变革。我们打赢脱贫攻坚战，全面建成小康社会，深入推进全面从严治党，开启全面建设社会主义现代化国家新征程。新时代的伟大变革，在党史、新中国史、改革开放史、社会主义发展史、中华民族发展史上具有里程碑意义。

习近平新时代中国特色社会主义思想守正创新开辟了中华文明演进发展的新境界。中华文明源远流长、博大精深，是中华民族独特的精神标识。习近平新时代中国特色社会主义思想作为中华文化和中国精神的时代精华，将理论主脉和精神血脉融为一体，用马克思主义真理的力量激活了中华文明的强大生命力，是扎根于中华文化沃土、洋溢着中华文明气质的科学理论，对于我们在世界文化激荡中传承弘扬中华文明、创造人类文明新形态具有重要意义。

习近平新时代中国特色社会主义思想高瞻远瞩开辟了推动人类社会发展进步的新境界。中国共产党始终把推动人类发展进步作为自己的崇高追求。习近平新时代中国特色社会主义思想深刻把握当今时代主题和世界发展大势，充分反映世界各国人民心声，坚定站在历史正确的一边，站在人类进步的一边，旗帜鲜明提出推动构建人类命运共同体、弘扬全人类共同价值、共建美好世界、践行真正的多边主义、坚持共商共建共享的全球治理观、推动经济全球化朝着正确方向发展，为解决全球问题贡献了中国智慧、中国方案，为复杂多变的当今世界注入了强大正能量，彰显了中国共产党为人类谋进步、为世界谋大同的责任担当和为人类和平与发展作出新的更大贡献的壮志豪情。

征途回望千山远，前路放眼万木春。习近平新时代中国特色社会主义思想如同耸立的灯塔，照亮我们前行的征途，指引"中国号"巨轮不断驶向中华民族伟大复兴的光明前景。

中国式现代化：
全新的人类文明形态

二 中国式现代化：全新的人类文明形态

党的二十大庄严宣告："从现在起，中国共产党的中心任务就是团结带领全国各族人民全面建成社会主义现代化强国、实现第二个百年奋斗目标，以中国式现代化全面推进中华民族伟大复兴。"中国式现代化既切合中国实际，体现了共产党执政规律和社会主义建设规律，也体现了人类社会发展规律，拓展了发展中国家走向现代化的途径，给世界上那些既希望加快发展又希望保持自身独立性的国家和民族提供了全新选择，为人类对更好社会制度的探索提供了中国方案。习近平总书记指出："中国式现代化是我们党领导全国各族人民在长期探索和实践中历经千辛万苦、付出巨大代价取得的重大成果，我们必须倍加珍惜、始终坚持、不断拓展和深化。"

1. 七个"现代化之问"

2023年3月15日，习近平总书记在中国共产党与世界政党高层对话会的主旨讲话中，开篇就提出了七个"现代化之问"：两极分化还是共同富裕？物质至上还是物质精神协调发展？竭泽而渔还是人与自然和谐共生？零和博弈还是合作共赢？照抄照搬别国模式还是立足自身国情自主发展？我们究竟需要什么样的现代化？怎样才能实现现代化？

现代化是当代人类历史发展的潮流，但人类社会现代化进程曲折起伏，各国探索现代化道路的历程充满艰辛。七个"现代化之问",直击世界数百年现代化进程的痛点、缺陷和面对的挑战。

过往西方主导的现代化,两极分化是一个鲜明的表征。以最早完成工业化的英国为例,维多利亚女王时代(1837年至1901年),是大英帝国的黄金时代,英国成为世界上军事、经济实力最强大的国家,其经济总量一度占到了全球的70%,达到了顶峰。英国经济学家杰文斯1865年在其著述中这样描绘英国的盛况:"北美和俄国的平原是我们的玉米地;芝加哥和敖德萨是我们的粮仓;加拿大和波罗的海是我们的林场;澳大利亚、西亚有我们的牧羊地;阿根廷和北美的西部草原有我们的牛群;秘鲁运来它的白银;南非和澳大利亚的黄金则流到伦敦;印度人和中国人为我们种植茶叶;而我们的咖啡、甘蔗和香料种植园则遍及东西印度群岛;西班牙和法国是我们的葡萄园;地中海是我们的果园;长期以来早就生长在美国南部的我们的棉花地,现在正在向地球所有的温暖区域扩展。"但就是这样烈火烹油、鲜花着锦的外表下,同时发生的是少数人财富的暴涨和大多数人的日益贫困,整个社会形成了极端对立的两大阶层:少数富人和多数穷人。

对这一时期英国的两极分化,恩格斯进行了深入调查和研究。他从1843年开始,在英国实地走访,到伦敦和利物浦等工业中心城市,访问工厂、矿山和工人家庭,查阅了大量议会报告和工厂视察员、医生、教师的证词记录,在大量搜集第一手材料的基础上,于1845年出版了被列宁称赞为"对资本主义和资产阶级的极严厉的控诉"和"对现代无产阶级状况的最好描述"的著作——《英国工人阶级状况》。

恩格斯把伦敦壮丽的外表和贫民窟的丑恶作了鲜明对比,他写道:"从海面向伦敦桥溯流而上时看到的泰晤士河的景色,是再动人不过的了。在两边，特别是在乌里治以上的这许多房屋、造船厂，沿着两岸停泊的无数船只，这些船只愈来愈密集，最后只在河当中留下一条狭窄的空间，成百的轮船就在这条狭窄的空间中不断地来来去去——这一切是这样雄伟，这样壮丽，简直令人陶醉"，但是，为这一切付出了多么大的代价，"只有到过这个世界城市的'贫民窟'，才会开始觉察到，伦敦人为了创造充满他们的城市的一切文明奇迹，不得不牺牲他们的人类本性的优良品质；才会开始觉察到，潜伏在他们每一个人身上的几百种力量都没有使用出来，而且是被压制着，为的是让这些力量中的一小部分获得充分的发展，并能够和别人的力量相结合而加倍扩大起来。在这种街头的拥挤中已经包含着某种丑恶的违反人性的东西"。恩格斯严厉斥责了对穷人的伤害和漠视："真正令人发指的，是现代社会对待大批穷人的方法。他们被引诱到大城市来，在这里，他们呼吸着比他们的故乡——农村坏得多的空气。他们被赶到城市的这样一些地方去，在那里，由于建筑得杂乱无章，通风情形比其余一切部分都要坏。一切用来保持清洁的东西都被剥夺了，水也被剥夺了，因为自来水管只有出钱才能安装，而河水又弄得很脏，根本不能用来洗东西。""各种各样的灾害都落到穷人头上。城市人口本来就够稠密的了，而穷人还被迫更其拥挤地住在一起。这个社会使他们的情绪剧烈地波动，使他们忽而感到很恐慌，忽而又觉得有希望，像追逐野兽一样地追逐他们，不让他们安心，不让他们过平静的生活。""如果这一切还不足以毁灭他们，如果他们经受住这一切，他们也会在危机时期遭到失业的厄运。到那时，他们至今还保留的一点东西也将被彻底剥夺。"

英国作家狄更斯的小说《艰难时世》，描写的也是这一时期。

他借笔下一个人物之口斥责资本家："把成千上万的人抛在一边，让他们永远过着那样的生活，永远陷入那样的泥沼中，那么，他们就会成为这一方，你们成为另一方，一条漆黑一团、不可逾越的鸿沟就会把双方隔开。只要这种不幸的局面不改变，不管时间是长还是短，这条鸿沟都会存在下去。"

这条鸿沟，就是整个社会分化成两极的标志。

英国如此，另一个紧随英国完成工业化的国家法国也一样。被称为"法兰西的灵魂"的法国作家雨果在被称为"人类苦难的百科全书"的不朽之作《悲惨世界》里，入木三分地刻画了一个诚实的工人冉·阿让一次次被命运捉弄、一次次饱受磨难的人生，让读者看到了当时的法国是怎样一个"悲惨世界"。雨果愤慨地写道："贫穷使男子潦倒，饥饿使妇女堕落，黑暗使儿童羸弱。""也许地球只是天堂的监狱，因为你仔细观察人生，它到处都在受惩罚。"

西方走向现代化的过程伴随着资本权力的急剧扩张，形成了"资本至上""金钱至上"的核心价值观，就是说，一方面是财富的增长，另一方面是道德和精神的日益堕落。资产阶级的思想家、政治家所鼓吹的"民主、人权、法治"的价值观念，本质上是以资本主义私有制为基础的经济关系的反映，是维护资本特殊利益的价值观念，是资本至上的装饰品。正如恩格斯指出的："资产阶级为工人考虑的唯一的东西就是法律，当工人向资产阶级步步进逼的时候，资产阶级就用法律来钳制他们，就像对待无理性的动物一样，资产阶级对工人只有一种教育手段，那就是皮鞭，就是残忍的、不能服人而只能威吓人的暴力。"资产阶级提倡的"民主、人权、法治"，背后都是资本在操控，资本的价值凌驾于社会的价值之上，是维护资本统治地位和资产阶级利益的工具。

二 中国式现代化：全新的人类文明形态

对于西方现代化的这种畸形矛盾，西方一些有识之士早就指出了它的危害。德国著名哲学家、文学家奥斯瓦尔德·斯宾格勒在1918年出版的历史哲学著作《西方的没落》中指出，西方文化进入文明阶段之后，精神上失去了凝聚力的大众为虚伪的民主政治所操纵，其结果必然是一两个大国建立霸权，进入帝国时代。西方没落的征兆表现在丧失了文化的创造力，堕落为刺激、奢侈、享乐、单纯追求感官享受，将迈向无可挽回的没落。斯宾格勒认为，西方文明的根本问题就是对于资本的追求，是富裕所导致的精神溃散在骨子里腐蚀西方，最后会导致西方文明的自我毁灭。出生于美国的英国诗人艾略特1922年创作的长诗《荒原》，被誉为20世纪最伟大的诗歌之一，原因就在于，这部作品通过对荒原人生活中充斥着庸俗卑下的人欲，虽生犹死，心中唯有幻灭和绝望的空虚、堕落的生动描述，深刻表现出当时西方人世界观的崩塌、道德的沦丧以及精神世界的幻灭，深刻揭示了西方社会的精神危机。"荒原"也成为西方精神危机的代名词。

西方的现代化是人类付出巨大生态代价才得以完成的。以最早完成工业革命的英国为例，其早期工业化造成的环境破坏极其严重，尤其是水体和空气污染非常普遍，除了大家熟知的伦敦成为被煤尘笼罩的"雾都"，伦敦的"母亲河"泰晤士河也一度沦为"死水"。随着工业发展和人口猛增，19世纪中后期，曾经碧波荡漾的泰晤士河水质急剧恶化，鱼虾绝迹，恶臭逼人。1857年，伦敦每天仅粪便一项就要向泰晤士河排放约250吨，河两岸的化工厂、冶炼厂、酿酒厂、油漆厂、造纸厂、水泥厂等排放的污水难以计数。英国著名科学家法拉第曾这样描述他当时见到的泰晤士河："整条河变成了一种晦暗不明的淡褐色液体，气味很臭，就像街道上散发的臭气一样。整条河实际上就是一条臭水沟。"河水污染导致传染病频频暴发，1831年到1866年这段时间里，伦敦暴发了4次霍乱大流行，10多万人因感染霍乱病菌丧生。

美国也同样在工业化进程中遭遇了严重的生态灾难，比如著名的"黑色风暴事件"。19世纪中叶，美国人在中部几个州——俄克拉荷马、俄亥俄、得克萨斯等地下发现大油田，数百万的人口迁移到这些地区，从事石油工业。这一方面带动当地经济快速发展，另一方面也造成了严重的环境破坏，最突出的是土地沙化。石油开采导致地下水位下降，灌溉农业的发展加剧了地下水位下降，导致土壤含水量急剧减少。1929年美国发生经济危机，工厂大批关闭，当地不少人口因失业不得不离开家园，土地因无人照料而荒芜沙化，又遇到百年不遇的大干旱，美国中部连续发生沙尘暴，40万平方公里的国土受到影响，甚至连东部沿海的新英格兰地区都受到沙尘暴的侵袭。其中最严重的1935年4月14日，一天之内出现20次席卷美国的沙尘暴。从1930年到1939年，这十年被称为美国历史上"肮脏的十年"。

据统计，自第一次工业革命以来，人类已向大气中排放了超过1.5万亿吨二氧化碳。2023年7月20日《参考消息》网站转发了澳大利亚昆士兰理工大学研究员杰里米·韦布的文章《我们的碳殖民主义》。该文章引用西班牙巴塞罗那自治大学环境科学与技术研究所的计算结果：从历史累计的角度看，在全球碳排放总量中，美国占26%，欧盟占23%，也就是说，这些人口只占全球11%的发达国家，排放的二氧化碳却约占全球一半，是全球生态问题的历史责任者。

西方现代化进程中，早期充斥着野蛮、血腥和掠夺。在西方看

二 中国式现代化：全新的人类文明形态

来，各国之间进行的就是一场零和博弈。世界上的资源和财富是有限的，一国所得，必是他国所失。西方从近代开始，就以获取别国财富为目的，开辟新航路，寻找新世界。新航路打通后，就满世界抢劫，什么值钱抢什么，黄金白银、各种矿产、珍贵文物甚至人口……正如马克思所批判的那样："当我们把自己的目光从资产阶级文明的故乡转向殖民地的时候，资产阶级文明的极端虚伪和它的野蛮本性就赤裸裸地呈现在我们面前，因为它在故乡还装出一副很有体面的样子，而一到殖民地它就丝毫不加掩饰了。"西方究竟从全世界劫走了多少财富，已经无法统计，有人说，可能多达百万亿美元。有印度经济学家估算，在英国统治印度的近200年间，整个印度次大陆为英国贡献了超过45万亿美元的财政收入。尽管英国没有公布过从印度获取了多少财富，但印度的重要性他们是承认的，曾担任英国印度总督的寇松这样感慨："只要我们统治印度，我们就是世界第一；如果我们失去印度，我们将降成三流国家。"从15世纪到18世纪的三百年中，西方殖民主义者从美洲抢走了250万公斤的黄金和1亿公斤的白银。

近代以来中国也成为帝国主义列强侵略和掠夺的主要对象之一。从1840年鸦片战争到1949年新中国成立之前，中国赔付给西方列强（含日本帝国主义）的战争赔款就达13亿两白银。从1859年到1949年，外国人控制中国海关长达90年，其间利用关税掠夺的中国财富难以估量。外国资本控制中国的铁路、航运、矿山，利用廉价商品倾销，又强取豪夺了多少财富！从中国掠走的文物古玩、字画典籍、金银珠宝更是难以统计。联合国教科文组织的一项统计表明，在全球47个国家的200多家博物馆馆藏中，有来自中国的文物160多万件，其中位于英国伦敦的大英博物馆就有23000多件。当然这个数字是大英博物馆自己承认的，有的数据分析认为，大英博物馆实际馆藏中国文物可能在20万件以上。实际上到底有多少，只有他们自己知道，而且也许永远都不会公布。法国卢浮宫收藏的中国文物达3万余件。日本近代以来屡屡发动侵华战争，从中国掠夺的文物，到底有多少、价值几何、藏在何处，只有他们自己清楚。日本与其他帝国主义的一个最大不同，是其对中国文物的掠夺是有组织、有计划、有系统的，如关东军文化财产调查队、东亚考古学会、日本一些大学的历史和考古机构等，他们以所谓的"文化调查""考古发掘""文物保护"等名义，对中国的文物进行了系统的搜集、分类、运输、销毁等工作。且由于日本对中国文化极为熟悉，抢掠的珍品、精品文物极多，有些是中华文化和文明的象征，是无价之宝。2022年，一些日本有识之士发起成立了"中国文化财产返还推进会"，希望推动日本返还战争期间从中国掠夺的文物，但要真正实现这一目标，无疑是十分艰难的。

资本至上，必然捍卫资本利益，为资产阶级的统治、压迫和剥削提供支撑。当今世界，以美国为首的西方国家，实行双重标准，打着人道主义的幌子，大搞"颜色革命"，到处颠覆合法政权，其背后都是无孔不入的资本力量作祟。只有把别的国家搞乱，资本才能有机会直接或间接地扶植傀儡，才能进一步去控制那里的资源、财富，占领那里的市场，把那里的人民变成资本的奴仆。这种掠夺既不是现代化的必然，更不应延续到今天。英国"拒绝新冷战"运动联合创始人、著名作家和学者马丁内斯曾尖锐批评过西方的现代化之弊："欧美发达国家往往宣称，它们的成功源于所谓的'自由民主意识形态'，这是西方目前的主流叙事，但如果我们揭开这件华丽的外衣，真相要丑陋得多。资本主义现代化有3个重要特征。

二 中国式现代化：全新的人类文明形态

首先，它建立在殖民主义、奴隶制和种族灭绝的残酷历史之上，殖民掠夺和奴隶贸易带来的利润对推动西方工业化和现代化至关重要。第二，资本主义现代化是极其不平等的，不是每个人都能享受到它的果实。在美国，数千万人无法获得医疗保障，50万人无家可归，非洲裔的预期寿命比白人少6年。第三，资本主义现代化对环境造成灾难性影响。美国人口仅占全球的4%，其二氧化碳排放量却占全球总排放量的25%。"

尽管西方国家的这条现代化之路对于广大发展中国家来说并不可行，但从过往的事实看，对于西方的现代化，世界上不少国家是羡慕的，也希望能照搬一个或者复制一个这样的现代化。有一个很有代表性的例子，非洲西部有个国家利比里亚，是1838年建立联邦的，在非洲众多国家里属于独立建国比较早的。建国后，这个小国一心一意模仿美国，其宪法几乎照抄了美国宪法的原文，政体实行与美国相同的三权分立制度，国旗也是星条旗，只是上面的星星少一些。对外关系也实行和美国类似的"门户开放"。当时被称为"非洲小美国"。就是这样一个按照美国模子量身定做的国家，远的不说，就看近50年，经济危机、军事政变、内战交替发生，几无宁日，直到2003年联合国维持和平部队接管后才算稳定下来，到今天还是世界上最不发达国家之一。照抄照搬不仅没给利比里亚带来现代化，反而使其成为落后贫穷、混乱战乱的典型。想在沙滩上直接盖摩天大楼，不考虑自己的地基，只能得到这样的结果。

实际上，很多发展中国家都或多或少、有意无意地想通过简单模仿西方走上现代化的道路，迄今为止，没有一个成功的例子。少数几个从发展中实现了现代化跨越的，也都不是简单模仿西方，而是有自己的特色。比如新加坡，其发展为什么会被人称为"新加坡模式"？就是因为它的现代化之路有自己的特点，而不是简单把西方那一套"复制粘贴"。

以上这些，都表明西方过去走过的现代化道路，存在着自身难以避免的缺陷，尤其是西方国家维护自身经济垄断、政治霸权、文化独尊的极端利己主义，与今天经济全球化、世界多极化、文化多样化的历史潮流格格不入，"现代化等于西方化"的神话已经被其自身实践打破，其现代化路径是今天众多发展中国家无法复制的。

无论中国，还是其他发展中国家，都面临着同样的问题：要什么样的现代化？通向现代化的路径该怎么走？各国都要去努力寻求自己的答案。中国共产党对此作出了明确的回答，那就是：以中国式现代化全面推进中华民族伟大复兴。

2. 鲜明特色与本质要求

习近平总书记指出，一个国家走向现代化，既要遵循现代化一般规律，更要符合本国实际，具有本国特色。中国式现代化既有各国现代化的共同特征，更有基于自己国情的鲜明特色。

现代化的一般规律，是指在现代化进程中的"普遍性"，即普遍存在的具有规律性的现象和特征。比如，一个国家要走向现代化，必须具有一个独立、统一、强有力的国家政体形式（如联邦、共和、君主立宪），这是一个必要条件，世界上没有一个四分五裂、内斗不休、上下对立的国家能够实现现代化的先例。比如，工业化是通向现代化的必经阶段，没有哪一个实现现代化的国家能绕过工业化；城市化是现代化的一个重要结果，现代化必然伴随着城市

二 中国式现代化：全新的人类文明形态

化；等等。

但是，应当看到，一个国家选择什么样的现代化道路，这条道路走不走得通，主要不是由这些"普遍性"决定的，而是由它的"特殊性"决定的，就是说，是由其特有的历史传统、社会制度、发展条件、外部环境等诸多因素综合影响的结果。

具体到中国，在选择现代化道路上也经历了曲折的探索。19世纪中叶后，面对世界近代化、工业化浪潮，清王朝蒙昧于世界大势，闭关锁国，安于现状，不仅落后于西方，而且被近邻的日本超越，成为列强掠夺蚕食的对象。为了拯救民族危亡，中国人民奋起反抗，仁人志士奔走呐喊，各种救国方案轮番出台，洋务运动、维新变法、辛亥革命等尝试都以失败而告终。直到新中国成立，才实现了民族独立、人民解放，彻底结束了旧中国半殖民地半封建社会的历史，彻底结束了极少数剥削者统治广大劳动人民的历史，彻底结束了旧中国一盘散沙的局面，彻底废除了列强强加给中国的不平等条约和帝国主义在中国的一切特权，为中国的现代化建设创造了内外条件。

新中国是在一穷二白基础上建立起来的，尽快完成国家工业化成为经济建设的首要任务。正如毛泽东所指出的："中国社会的进步将主要依靠工业的发展。""没有独立、自由、民主和统一，不可能建设真正大规模的工业。没有工业，便没有巩固的国防，便没有人民的福利，便没有国家的富强。"没有工业化，就不能从根本上改变中国贫穷落后的面貌，就不能改变被人看不起的状况，就不能在这个世界上拥有符合中国地位的发言权。1953年12月，毛泽东初步提出了实现"四个现代化"的思想；1954年9月，周恩来代表党中央第一次明确提出了建设现代化的工业、现代化的农业、现代化的交通运输业和现代化的国防的目标。在1964年底召开的三届全国人大一次会议上，周恩来正式宣布了实现工业、农业、国防和科学技术现代化的"四化"战略目标。

但要把一个落后的农业国在较短时间内发展成拥有现代技术的工业国，其困难是巨大的，没有先例可循，其间也难免走了不少弯路，付出了不小代价。经过艰苦奋斗，到20世纪70年代末，中国建立起了独立的比较完整的工业体系和国民经济体系，为现代化建设提供了宝贵经验、理论准备和物质基础。1978年12月，党的十一届三中全会作出把党和国家工作中心转移到经济建设上来、实行改革开放的历史性决策，中国的现代化建设走上了前所未有的快车道。2012年党的十八大后，中国特色社会主义进入新时代，以习近平同志为核心的党中央在全面总结、充分吸收中国现代化建设经验的基础上，不断深化对中国式现代化的内涵和本质的认识；确定了分两步走全面建成社会主义现代化强国的时间表，即从2020年到2035年基本实现社会主义现代化，从2035年到本世纪中叶把中国建成富强民主文明和谐美丽的社会主义现代化强国；不断推进中国式现代化的实践，如期实现第一个百年奋斗目标，全面建成小康社会，踏上了以中国式现代化全面推进中华民族伟大复兴的新征程。

中国式现代化的鲜明特色，是由中国的基本国情、历史文化传统、社会制度等决定的，党的二十大把这些特色从五个方面作了阐述。

中国式现代化是人口规模巨大的现代化。我国14亿多人口整体迈进现代化社会，规模超过现有发达国家人口的总和。迄今为止，已经实现工业化的国家人口，有欧盟4.5亿，美国3.33亿，日本1.25

二　中国式现代化：全新的人类文明形态

亿，英国、加拿大、澳大利亚、新西兰、韩国、以色列、新加坡等国共1.9亿，以上合计约为11亿。中国实现现代化，将改写世界现代化的人口版图，而这样规模的人口整体实现现代化，在世界历史上还从没有过先例，其艰巨性和复杂性前所未有。主要原因在于，中国巨大的人口基数，使得中国在吃饭、就业、分配、教育、医疗、住房、养老、托幼等方面，再小的问题，只要乘以14亿多，就会变成世界性的难题，而再多的财富总量，只要除以14亿多，人均量就会立即变小。这就决定了中国的现代化必须从国情出发想问题、作决策、办事情，其发展途径和推进方式必然具有自己的特点，既不能好高骛远，也不能因循守旧，必须保持定力，坚持稳中求进、循序渐进、持续推进。

中国式现代化是全体人民共同富裕的现代化。中国式现代化致力于让发展成果更多更公平惠及全体人民，不断满足人民日益增长的美好生活需要，推进共同富裕，防止两极分化，这是中国特色社会主义的本质要求，是中国式现代化的本质特征，也是区别于西方现代化的显著标志。从世界历史看，曾经有一些发展中国家，在现代化进程中接近了发达国家的门槛，却始终跨不过去，最后掉进了"中等收入陷阱"，长期陷于停滞状态，甚至严重倒退，一个重要原因就是没有解决好两极分化、阶层固化等问题。共同富裕不是空泛的政治宣誓，而是一个政党团结带领全体人民进行的一场伟大社会变革。党的十八大以来，党团结带领人民打赢脱贫攻坚战，使近1亿农村贫困人口脱贫。现在，我们已经形成促进全体人民共同富裕的一整套思想理念、制度安排、政策举措。要在推动高质量发展、做好做大"蛋糕"的同时，进一步分好"蛋糕"，着力解决好就业、分配、教育、医疗、住房、养老、托幼等民生问题，构建三次分配

命运之旗
——新时代理论创新与新征程使命任务

协调配套的制度体系，规范收入分配秩序，规范财富积累机制，依法引导和规范资本健康发展，逐步扩大中等收入群体、缩小收入分配差距，让现代化建设成果更多更公平惠及全体人民，坚决防止两极分化。实现共同富裕是一个长期的历史过程，我们坚持让一部分地区、一部分人通过诚实劳动和合法经营先富起来，先富带动后富，最终实现共同富裕，这个过程不是短时间能够完成的，必须久久为功，咬定青山不放松，不断取得新进展。

中国式现代化是物质文明和精神文明相协调的现代化。中国式现代化既要物质富足，也要精神富有，这是中国式现代化的崇高追求。物质贫困不是社会主义，精神贫乏也不是社会主义。西方的现代化无法遏制资本贪婪的本性，无法解决物质主义膨胀、精神空虚贫乏等痼疾。中国式现代化既要物质财富极大丰富，也要精神财富极大丰富、在思想文化上自信自强。我们始终坚持两手抓、两手硬，推动物质文明和精神文明相互协调、相互促进，让全体人民始终拥有团结奋斗的思想基础、开拓进取的主动精神、健康向上的价值追求。今后要继续顺应人民日益增长的精神文化需求，建设具有强大凝聚力和引领力的社会主义意识形态，加强理想信念教育和"四史"宣传教育，培育和弘扬社会主义核心价值观，发展社会主义先进文化，推出更多优秀文艺作品，不断丰富人民精神世界，提高全社会文明程度，促进人的全面发展。

中国式现代化是人与自然和谐共生的现代化。尊重自然、顺应自然、保护自然，促进人与自然和谐共生，是中国式现代化的鲜明特点。中国人均能源资源禀赋严重不足，加快发展面临更多的能源资源和环境约束，这决定了我国不可能走西方现代化的老路，必须坚持"绿水青山就是金山银山"的发展理念，走可持续

二 中国式现代化:全新的人类文明形态

发展道路,统筹推进经济社会发展和生态环境保护,坚持节约优先、保护优先、自然恢复为主的方针,坚定不移走生产发展、生活富裕、生态良好的文明发展道路,实现中华民族永续发展。党的十八大以来,中国以解决损害群众健康的突出环境问题为重点,深入打好蓝天、碧水、净土保卫战。截至2022年,中国地级及以上城市空气质量优良天数比率为86.5%,重污染天数比率下降到1%以内,成为全球大气质量改善速度最快的国家。通过建立各级各类自然保护地,90%的陆地自然生态系统类型、65%的高等植物群落、74%的国家重点保护野生动植物物种得到有效保护,300余种珍稀濒危野生动植物种群得到恢复性增长,初步建立起新型自然保护地体系。

中国式现代化是走和平发展道路的现代化。坚持和平发展,在坚定维护世界和平与发展中谋求自身发展,又以自身发展更好维护世界和平与发展,推动构建人类命运共同体,是中国式现代化的突出特征。西方国家的现代化进程中充满了战争、贩奴、殖民、掠夺等血腥罪恶,中华民族深知和平的宝贵,决不可能重复西方国家的老路。中国式现代化坚持独立自主、自力更生,依靠全体人民的辛勤劳动和创新创造发展壮大自己,通过激发内生动力与和平利用外部资源相结合的方式来实现国家发展,不以任何形式压迫其他民族、掠夺他国资源财富,而是为广大发展中国家提供力所能及的支持和帮助。中国始终高举和平、发展、合作、共赢旗帜,奉行互利共赢的开放战略,弘扬全人类共同价值,倡导并推动构建人类命运共同体,不断以中国新发展为世界提供新机遇。积极参与全球治理体系改革和建设,践行真正的多边主义,弘扬全人类共同价值,推动落实全球发展倡议和全球安全倡议,努力为人类和平与发展作出更大贡献。正如习近平总书记在2023年中国共产党与世界政党高层对话会上的主旨讲话中所说："走在前面的国家应该真心帮助其他国家发展。吹灭别人的灯,并不会让自己更加光明;阻挡别人的路,也不会让自己行得更远。"

3. 怎么走:实践新路径

中国式现代化是一项前无古人的开创性事业,许多事情无前例可循。中国要实现的是全面的现代化,涉及经济、政治、文化、社会、生态文明各个领域,是一场广泛而深刻的社会变革,是一个社会整体跃升的前进过程。要走好中国式现代化道路,需要统筹兼顾、系统谋划、整体推进。

必须坚持中国共产党的领导,这是根本保障。习近平总书记强调:"只有毫不动摇坚持党的领导,中国式现代化才能前景光明、繁荣兴盛;否则就会偏离航向、丧失灵魂,甚至犯颠覆性错误。"中国共产党的全面领导是中国特色社会主义最本质的特征,是中国特色社会主义制度的最大优势,也是实现中国式现代化的根本保障。党的这个领导地位不是自封的,也不是凭空掉下来的,而是在长期的革命、建设、改革和新时代实践中逐步确立和巩固起来的。没有共产党领导的新民主主义革命胜利,就没有新中国;没有共产党领导的社会主义革命和建设,就没有中国从一穷二白向具有独立的比较完整的工业体系和国民经济体系的伟大飞跃;没有共产党领导的改革开放,就没有中国特色社会主义;没有共产党领导的中国特色社会主义新时代一系列战略性举措、变革性

二 中国式现代化：全新的人类文明形态

实践、突破性进展、标志性成果，就没有党和国家事业取得的历史性成就、发生的历史性变革，就没有中华民族从站起来、富起来到强起来的伟大飞跃。在中国，只有共产党而没有其他任何政治力量能够把14亿多人民团结起来，凝聚起来，朝着共同的目标奋斗。离开了共产党的领导，只会变成一盘散沙、自行其是、乱象丛生。只有共产党领导才能代表最广大人民的根本利益，确保现代化建设惠及全体人民；只有共产党领导才能保持现代化建设各项战略规划和方针政策的连续性、稳定性，确保现代化建设不偏航不倒退；只有共产党领导才能集中力量办大事，确保在重大风险挑战的考验中巍然屹立；只有共产党领导才能正确应对世界百年未有之大变局和美西方国家打压，确保中华民族根本利益和尊严。我们必须把党的领导贯彻和体现到改革发展稳定、内政外交国防、治党治国治军等各个领域，坚持科学执政、民主执政、依法执政，完善党的领导方式和执政方式，提高党的执政能力和领导水平，不断提高党把方向、谋大局、定政策、促改革的能力和定力，确保中国式现代化沿着正确航向破浪前行。

必须坚持以人民为中心。中国共产党根基在人民、血脉在人民、力量在人民，习近平总书记强调："江山就是人民、人民就是江山，打江山、守江山，守的是人民的心。"中国式现代化坚持发展为了人民、发展依靠人民、发展成果由人民共享，现代化建设的成果要更多更公平惠及全体人民。中国共产党没有任何自己的特殊利益，不代表任何利益集团、任何权势团体、任何特权阶层，也决不允许少部分利益集团和权势阶层霸占现代化建设的成果。我们必须始终把人民对美好生活的向往作为奋斗目标，践行党的根本宗旨，贯彻党的群众路线，尊重人民主体地位，尊重人民群

命运之旗
——新时代理论创新与新征程使命任务

众在实践活动中所表达的意愿、所创造的经验、所拥有的权利、所发挥的作用，充分激发蕴藏在人民群众中的创造伟力。要健全民主制度、拓宽民主渠道、丰富民主形式、完善法治保障，确保人民依法享有广泛充分、真实具体、有效管用的民主权利。要着力解决人民群众所需所急所盼，让人民共享经济、政治、文化、社会、生态等各方面发展成果，有更多、更直接、更实在的获得感、幸福感、安全感，不断促进人的全面发展、全体人民共同富裕。

必须坚持改革开放。中国能够取得今天这样伟大的成就，关键一招就是改革开放。改革开放是我们党的一次伟大觉醒，正是这个伟大觉醒孕育了我们党从理论到实践的伟大创造。改革开放是中国人民和中华民族发展史上一次伟大革命，正是这个伟大革命推动了中国特色社会主义事业的伟大飞跃。习近平总书记指出："改革开放是党和人民大踏步赶上时代的重要法宝，是坚持和发展中国特色社会主义的必由之路，是决定当代中国命运的关键一招，也是决定实现'两个一百年'奋斗目标、实现中华民族伟大复兴的关键一招。"我们的改革是社会主义制度的自我完善和发展，是有方向、有立场、有原则的，是在坚持社会主义基本制度的前提下，自觉地调整和改革生产关系同生产力、上层建筑同经济基础之间不相适应的方面和环节，促进生产力的发展和各项事业的全面进步，目的是更好地实现最广大人民群众的利益。符合这些原则和目的，该改的、能改的我们坚决改；背离了社会主义方向、脱离了党的领导、伤害了人民利益的，坚决不能改。在我们这样一个人口众多的发展中的社会主义大国，任何时候都不能依靠别人搞建设，必须始终把独立自主、自力更生作为自己发展的根本基点，必须把立足国内、

二 中国式现代化：全新的人类文明形态

扩大国内需求作为经济发展的长期战略方针，同时又必须实行对外开放，这是符合当今时代特征和世界经济技术发展规律要求的、加快我国现代化建设的必然选择，是我们必须长期坚持的一项基本国策。关起门来搞建设，现代化是不可能成功的。必须大胆吸收和利用国外的资金、先进技术和一切进步的东西，大胆吸收和借鉴当今世界各国包括资本主义发达国家的一切反映现代化社会化生产规律的先进经营方式、管理方法，把坚持发扬我们民族的优秀传统文化同积极学习人类社会创造的一切文明成果结合起来，把利用国内资源、开拓国内市场同利用国外资源、开拓国际市场结合起来，把对内搞活和对外开放结合起来，以高水平对外开放不断增强中国式现代化建设的动力和活力，同时不断以中国的新发展为世界提供新机遇。

必须坚持把创新作为第一动力。在14亿多人口的大国探索与西方不同的现代化道路，是史无前例的全新事业，没有现成案例可鉴，没有现成经验可循，只能在勇于创新中积累经验，先易后难，由浅入深，循序渐进。习近平总书记指出："创新是一个民族进步的灵魂，是一个国家兴旺发达的不竭动力，也是中华民族最深沉的民族禀赋。在激烈的国际竞争中，惟创新者进，惟创新者强，惟创新者胜。"从国内看，改革开放40多年来，我们更多依靠资源、资本、劳动力等要素投入支撑了经济快速增长和规模扩张，经济总量已跃居世界第二位，社会生产力、综合国力、科技实力迈上了一个新的大台阶。同时，我国发展中不平衡、不协调、不可持续问题依然突出，人口、资源、环境压力越来越大。我国现代化涉及十几亿人，要素条件发生了很大变化，再要像过去那样以这些要素投入为主来发展，既没有当初那样的条件，也是资源环境难以承受的，走

命运之旗
——新时代理论创新与新征程使命任务

全靠要素驱动的老路难以为继，创新驱动是形势所迫。综合国力竞争说到底是创新的竞争。习近平总书记强调，要深入实施创新驱动发展战略，推动科技创新、产业创新、企业创新、市场创新、产品创新、业态创新、管理创新等，加快形成以创新为主要引领和支撑的经济体系和发展模式。创新是多方面的，包括理论创新、体制创新、制度创新等，抓创新就是抓发展，谋创新就是谋未来。不创新就要落后，创新慢了也要落后。"国之利器，不可以示人"，对中国这样的大国来说，当今世界真正的核心技术是买不来的。只有拥有强大的科技创新能力，才能提高我国国际竞争力；只有把核心技术掌握在自己手中，才能真正掌握竞争和发展的主动权，才能从根本上保障国家经济安全、国防安全和其他安全。因此，增强创新能力，最重要的是要坚定不移走中国特色自主创新道路，让创新贯穿党和国家一切工作，让创新在全社会蔚然成风。2024年1月31日，习近平总书记在主持二十届中央政治局第十一次集体学习时强调："发展新质生产力是推动高质量发展的内在要求和重要着力点，必须继续做好创新这篇大文章，推动新质生产力加快发展。"要以宽容的态度对待创新，坚持从实际出发，对的就坚持，不对的赶快改，新问题出来抓紧解决。

必须坚持集中力量办大事。集中力量办大事是我国国家制度和国家治理体系的一个显著优势。新中国70多年发展的历史充分证明，集中力量办大事是中国特色社会主义制度优势的突出特征，是战胜各种重大风险和挑战的一个法宝，是推动现代化建设的强大动力。中国式现代化面临的问题很多，要做的事很多，不能齐头并进，眉毛胡子一把抓，只能分清轻重缓急，有序推进。我们要把有限的资源集中用于解决最重要的任务，强化最薄弱的环节，解决最

二 中国式现代化：全新的人类文明形态

迫切的矛盾。集中力量就需要秉持"全国一盘棋"的原则，服从党中央统一部署，上下一条心，达到"人心齐、泰山移"的效果。有时候，可能需要局部地区、部分部门牺牲自己的利益，让一让路，从全局利益来正确认识。不集中力量，许多大事就办不成，大事办不成，小事办得再多也解决不了大问题。

推进中国式现代化是一个系统工程，要正确处理好一系列重大关系。在顶层设计与实践探索关系上，进行顶层设计，需要深刻洞察世界发展大势，准确把握人民群众的共同愿望，深入探索经济社会发展规律，使制定的规划和政策体系体现时代性、把握规律性、富于创造性，做到远近结合、上下贯通、内容协调。推进中国式现代化是一项探索性事业，还有许多未知领域，需要我们在实践中去大胆探索，通过改革创新来推动事业发展，决不能刻舟求剑、守株待兔。在战略与策略关系上，要增强战略的前瞻性，准确把握事物发展的必然趋势，敏锐洞悉前进道路上可能出现的机遇和挑战，以科学的战略预见未来、引领未来。要增强战略的全局性，谋划战略目标、制定战略举措、作出战略部署，都要着眼于解决事关党和国家事业兴衰成败、牵一发而动全身的重大问题。要增强战略的稳定性，战略一经形成，就要长期坚持、一抓到底、善作善成，不要随意改变。要把战略的原则性和策略的灵活性有机结合起来，灵活机动、随机应变、临机决断，在因地制宜、因势而动、顺势而为中把握战略主动。在守正与创新关系上，要守好中国式现代化的本和源、根和魂，毫不动摇坚持中国式现代化的中国特色、本质要求、重大原则，确保中国式现代化的正确方向。要把创新摆在国家发展全局的突出位置，顺应时代发展要求，着眼于解决重大理论和实践问题，积极识变应变求变，大力推进改革创新，不断塑造发展新动能新优势，充分激发全社会创造活力。在效率与公平关系上，既要创造比资本主义更高的效率，又要更有效地维护社会公平，更好实现效率与公平相兼顾、相促进、相统一。在活力与秩序关系上，要统筹发展和安全，贯彻总体国家安全观，健全国家安全体系，增强维护国家安全能力，坚定维护国家政权安全、制度安全、意识形态安全和重点领域安全。在自立自强与对外开放关系上，要坚持独立自主、自立自强，坚持把国家和民族发展放在自己力量的基点上，坚持把我国发展进步的命运牢牢掌握在自己手中。要不断扩大高水平对外开放，深度参与全球产业分工和合作，用好国内国际两种资源，拓展中国式现代化的发展空间。

4. 世界意义：新方向，新路径，新引擎

如果说西方现代化进程推动建立了打破旧的封建秩序的资本主义文明，那么中国式现代化必将展现出不同于西方现代化模式的新图景，必将构建一种全新的人类文明形态。这是中国式现代化最重要的世界意义。

人类文明是在生产力发展的推动下逐步演进升级、生长传播的。资本主义制度所创造的生产力，虽然"比过去一切世代创造的全部生产力还要多，还要大"，但并没有解决好人类社会发展的诸多难题。当今世界，多重挑战和危机交织叠加，发展鸿沟不断拉大，人类社会现代化进程又一次来到历史的十字路口。中国共产党带领中国人民为彻底改变自身历史命运，肩负着探索人类更美好社

二 中国式现代化：全新的人类文明形态

会制度的使命，走出中国式现代化道路，创造人类文明新形态。这种人类文明新形态，以实现人民对美好生活的向往为实践起点，以实现人自由而全面的发展为最终目标，以发展成果惠及全体人民为检验标准，充分展现出全新特色、显著优势。

中国式现代化创造的人类文明新形态，为人类文明发展提供了新的方向。世界的现代化进程起源于西方，但不等于人类只有西方资产阶级文明这一个选择。现代化不只有西方一个模式，现代文明同样也不只有西方文明一个选项。从历史上看，西方由于在现代化中占了先机，长期以极其傲慢的态度对待其他国家和其他文明。19世纪后的相当长时间里，"白人至上"的"种族优越论"甚嚣尘上，老舍先生1924年到英国讲学，在伦敦生活了5年，他曾愤慨地记录了当时目睹的对中国人的歧视和蔑视："就是因为中国是个弱国，所以他们随便给那群勤苦耐劳，在异域找饭吃的华人加上一切罪名。中国城要是住着二十个中国人，他们的记载上一定是五千。而且这五千黄脸鬼是个个抽大烟、私运军火、害死人把尸首往床下藏，强奸妇女不问老少，和作一切该千刀万剐的事情的。作小说的，写戏剧的，作电影的，描写中国人全根据着这种传说和报告。然后看戏，看电影，念小说的姑娘，老太太，小孩子，和英国皇帝，把这种出乎情理的事牢牢的记在脑子里，于是中国人就变成世界上最阴险，最污浊，最讨厌，最卑鄙的一种两条腿儿的动物！"这种歧视当然不光是对中国人，在"种族优越论"支配下，其他各有色人种、各落后国家都是野蛮和蒙昧的"未开化文明"，是应当被他们奴役和支配的。直到20世纪第二次世界大战结束以后，十几个社会主义国家形成"东方阵营"，亚洲、非洲、拉丁美洲众多殖民地、半殖民地国家掀起声势浩大的民族独立和民族解放运动，

命运之旗
——新时代理论创新与新征程使命任务

"白人至上"的"种族优越论"才逐渐失去市场，但西方不认同这些国家和民族有平等的权利，更不甘于同这些国家和民族平起平坐，又炮制出"制度优越论"，鼓吹他们的社会制度优越于社会主义和民族主义，是人类有史以来最好的制度，只有全盘接受他们的制度才能走向繁荣。这种论调在20世纪90年代随着东欧剧变、苏联解体达到了顶点，认为人类政治历史发展到西方资本主义已达终点，今后人类历史的发展只有一条路，即西方资本主义道路。但是，中国的快速崛起让这种唯我独尊的论调很快就站不住脚了，中国在社会主义制度下创造的世所罕见的经济快速发展奇迹和社会长期稳定奇迹，证明了中国特色社会主义制度的蓬勃生机和光明前景。眼看"制度优越论"的幌子越来越没有信服力，近些年，西方又花样翻新抛出了"价值观优越论"，鼓吹他们的所谓民主、自由、人权、法治是"普世价值"，强行推销乃至强迫别国接受，并屡屡以违反"普世价值"为借口制裁他国、干涉他国内政，甚至以武力相加。然而，他们所谓的"普世价值"，实质是什么呢？他们所谓的民主，就是美国等几个少数西方国家要替全世界做主，要基于他们制定的规则安排世界秩序。他们所谓的自由，是支配、掠夺、欺凌甚至侵略他国的自由。他们所谓的人权，是只有他们才可以决定谁是人、谁可以享有人的权利。他们所谓的法治，是"顺我者昌，逆我者亡"，违逆我的意志就是违法。在道貌岸然的"普世价值"幌子下，美西方国家表现出的仍是极端的"文明傲慢"的本性。进入2024年，美西方国家的傲慢越来越公开化，突出表现在对待国际事务和其他国家的双重标准上。比如，一方面站在道德制高点上提倡绿色能源、减排减碳，另一方面却出于一己之私污蔑中国的新能源汽车"产能过剩"；一方面指责别国对抗议活动的处置是压制民

二 中国式现代化：全新的人类文明形态

主，另一方面却武力镇压本国学生声援巴勒斯坦人民的抗议活动并辩称是"法治"；一方面鼓吹言论自由，另一方面却千方百计封禁不按他们所谓的"自由"去言论的TikTok；等等。欧盟外交事务高级代表博雷利在被问到对华批评可能存在双重标准的问题时，甚至不加掩饰地说："外交本质上就是处理双重标准的艺术，对此有所非议并不恰当。"已经到了连伪装都不要的地步。中国式现代化创造的人类文明新形态是物质文明、政治文明、精神文明、社会文明、生态文明协调发展的人类文明新形态，中国式现代化蕴含的独特世界观、价值观、历史观、文明观、民主观、生态观等及其伟大实践，是对世界现代化理论和实践的重大创新，它不是要给人类文明发展提供一个"标准答案"，而是提供了一个新的方向、新的选择。

中国式现代化创造的人类文明新形态，为人类文明发展提供了新的路径。习近平总书记指出："现代化道路并没有固定模式，适合自己的才是最好的，不能削足适履。每个国家自主探索符合本国国情的现代化道路的努力都应该受到尊重。"中国式现代化不是凭空建设的，它是中国共产党带领中国人民经过长期探索才走出的一条成功之路。第一，中国式现代化"深深植根于中华优秀传统文化"。中国文化源远流长，中华文明博大精深，中华优秀传统文化是中国式现代化的文化根基和深厚土壤。中华优秀传统文化具有突出的连续性、创新性、统一性、包容性、和平性，其中有很多重要元素，比如，天下为公、天下大同的社会理想，民为邦本、为政以德的治理思想，九州共贯、多元一体的大一统传统，修齐治平、兴亡有责的家国情怀，厚德载物、明德弘道的精神追求，富民厚生、义利兼顾的经济伦理，天人合一、万物并育的生态理念，实事求是、知行合一的哲学思想，执两用中、守中致和的思维方法，讲信修睦、亲仁善邻的交往之道，等等，共同塑造出中华文明的突出特性，为推动中国式现代化提供了源源不绝的文化力量。如果不从源远流长的历史连续性来认识中国，就不可能理解古代中国，也不可能理解现代中国，更不可能理解未来中国。同时，在走向现代化的进程中，古老的中华文明通过创造性转化、创新性发展，焕发出新的生命力。由此可见，中国式现代化是"坚守中华文化立场"的现代化。第二，中国式现代化"体现科学社会主义的先进本质"。中国式现代化是中国共产党领导的社会主义的现代化，这是中国式现代化的性质，也是中国式现代化与此前其他现代化的根本不同。中国共产党始终坚持科学社会主义基本原则，始终坚持在各个领域体现科学社会主义的先进本质，比如，坚持党的领导；坚持人民民主专政的国体和人民代表大会制度的政体；坚持劳动光荣、按劳分配的社会主义分配原则；坚持把人的价值放在第一位，不断促进人的全面发展和社会全面进步；坚持全人类共同价值和社会主义核心价值观；坚持人与自然和谐发展；等等。同时，中国共产党也不断推进马克思主义中国化时代化，不断用与时俱进的科学理论回答时代提出的新课题，不断赓续科学社会主义的基因血脉。第三，中国式现代化"借鉴吸收一切人类优秀文明成果，代表人类文明进步的发展方向"。中国式现代化"不是简单延续我国历史文化的母版，不是简单套用马克思主义经典作家设想的模板，不是其他国家社会主义实践的再版，也不是国外现代化发展的翻版"。中华文明的博大气象，得益于中华文化自古以来开放的姿态、包容的胸怀。"人类只有肤色语言之别，文明只有姹紫嫣红之别，但绝无高低优劣之分。"在推进中国式现代化进程中，中国

二 中国式现代化：全新的人类文明形态

始终秉持开放包容，积极主动地学习借鉴人类创造的一切优秀文明成果，包括学习借鉴西方现代化提供的有益经验。中国式现代化的成功之路，不仅打破了"现代化＝西方化"的迷思，也启示广大发展中国家：不是要亦步亦趋照搬"中国道路"，而是从中国的道路探索中学会方法。一个国家要走向现代化，必须正确对待本国的历史文化传统，必须正确对待本国的政治社会制度，必须正确对待其他国家的有益经验，把这三个问题处理好了，走向现代化的路径选择也就水到渠成。

中国式现代化创造的人类文明新形态，为人类文明发展提供了新的引擎。中国是世界和平的建设者、全球发展的贡献者、国际秩序的维护者，中国既不会谋求政治军事霸权，也不会谋求经济垄断、赢者通吃，更不会把自己的价值观念、政治体制强加于人。中国在推动自身实现高质量发展、发展全过程人民民主、丰富人民精神世界、实现全体人民共同富裕、促进人与自然和谐共生的同时，致力于推动构建人类命运共同体，以自己的发展为世界提供更多机遇，欢迎各国搭乘中国发展的列车。中国积极承担国际责任，为国际社会提供更多公共产品，为完善全球治理作出更大贡献。特别是在全球经济持续低迷的情况下，中国对全球经济增长的贡献率连续多年超过30%，成为全球经济发展的主要动力之一，成为21世纪人类文明发展新的引擎。

习近平总书记在二十届中央政治局常委同中外记者见面时强调："中国式现代化是中国共产党和中国人民长期实践探索的成果，是一项伟大而艰巨的事业。惟其艰巨，所以伟大；惟其艰巨，更显荣光。"推进中国式现代化，是一项前无古人的开创性事业，必然会遇到各种可以预料和难以预料的风险挑战、艰难险阻甚至惊涛骇浪。越是在这样的时候,越要有定力、有智慧,主动识变应变求变,主动防范化解风险,牢牢把握以中国式现代化全面推进中华民族伟大复兴的使命任务,在新征程上行稳致远。

第二个答案

三　第二个答案

1945年7月初，黄炎培等6名参政员从重庆赶到延安，同中国共产党就维护国内和平交换意见。其间，黄炎培同毛泽东有几次会谈。一次谈话间，毛泽东问黄炎培有什么感想。黄炎培说："我生六十多年，耳闻的不说，所亲眼看到的，真所谓'其兴也勃焉，其亡也忽焉'，一人、一家、一团体、一地方乃至一国，不少单位都没有能跳出这周期率的支配力……大凡初聚时聚精会神，没有一事不用心，没有一人不卖力，也许那时艰难困苦，只有从万死中觅取一生。继而渐渐好转了，精神也就渐渐放下了……一部历史，'政怠宦成'的也有，'人亡政息'的也有，'求荣取辱'的也有。总之没有能跳出这周期率。中共诸君从过去到现在，我略略了解的了。就是希望找出一条新路，来跳出这周期率的支配。"毛泽东思考了一下，回答道："我们已经找到了新路，我们能跳出这个周期率，这条新路就是民主，走群众路线。只有让人民来监督政府，政府才不敢松懈。只有人人起来负责，才不会人亡政息。"这是中国共产党人对如何跳出历史周期率的第一个答案。

2021年，在中国共产党百年华诞之际，党的十九届六中全会通过的《中共中央关于党的百年奋斗重大成就和历史经验的决议》，总结了党百年奋斗积累的十条宝贵经验，其中第十条是："坚持自我革命。勇于自我革命是中国共产党区别于其他政党的显著标志。自我革命精神是党永葆青春活力的强大支撑。先进的马克思主义政党不是天生的，而是在不断自我革命中淬炼而成的。党历经百年沧桑更加充满活力，其奥秘就在于始终坚持真理、修正错误。党的伟

命运之旗
——新时代理论创新与新征程使命任务

大不在于不犯错误,而在于从不讳疾忌医,积极开展批评和自我批评,敢于直面问题,勇于自我革命。只要我们不断清除一切损害党的先进性和纯洁性的因素,不断清除一切侵蚀党的健康肌体的病毒,就一定能够确保党不变质、不变色、不变味,确保党在新时代坚持和发展中国特色社会主义的历史进程中始终成为坚强领导核心。"2022年1月18日,习近平总书记在十九届中央纪委六次全会上对这条经验进行了进一步阐述:"我经常讲跳出历史周期率问题,这是关系党千秋伟业的一个重大问题,关系党的生死存亡,关系我国社会主义制度的兴衰成败。如何跳出历史周期率?党始终在思索、一直在探索。毛泽东在延安的窑洞里给出了第一个答案,这就是'让人民来监督政府';经过百年奋斗特别是党的十八大以来新的实践,党又给出了第二个答案,这就是自我革命。"

1. 中国共产党是什么、要干什么

《中共中央关于党的百年奋斗重大成就和历史经验的决议》里提出了一个很重要的要求:"全党要牢记中国共产党是什么、要干什么这个根本问题。"

中国共产党是什么?《中国共产党章程》里开宗明义作了表述:"中国共产党是中国工人阶级的先锋队,同时是中国人民和中华民族的先锋队,是中国特色社会主义事业的领导核心,代表中国先进生产力的发展要求,代表中国先进文化的前进方向,代表中国最广大人民的根本利益。"

中国共产党要干什么?《中国共产党章程》里也给了明确回答:

三 第二个答案

"党的最高理想和最终目标是实现共产主义。"

既然都很明确，为什么还要特别突出地加以强调？因为这个问题太重要了。习近平总书记指出："只有回看走过的路、比较别人的路、远眺前行的路，弄清楚我们从哪儿来、往哪儿去，很多问题才能看得深、把得准。"

"是什么、要干什么"，"从哪儿来、往哪儿去"，不是一下子能认识清楚的，认识到了，要真正践行更不容易。

1945年4月21日，在中国共产党第七次全国代表大会预备会议上，毛泽东回忆起了中国共产党成立时的情况。他说："1921年，我们党开第一次代表大会。在12个代表中，现在活着的还是共产党员的（叛变了的如张国焘之流不算），一个是陈潭秋，现在被国民党关在新疆监牢里，一个是董必武，现在飞到旧金山去了，我也是一个。12个代表中现在在南京当汉奸的就有两个，一个是周佛海，一个是陈公博。会是在7月间开的，我们现在定7月1日为党的周年纪念日。……所谓代表，哪有同志们现在这样高明，懂得这样，懂得那样。什么经济、文化、党务、整风等等，一样也不晓得。当时我就是这样，其他人也差不多。"

这里其实有一点不准确，就是陈潭秋当时已经牺牲了，1943年就在新疆被当地军阀盛世才秘密杀害，但党中央和毛泽东还不知道。

毛泽东很坦率地承认，在党成立的时候，对很多事情并不是很清楚。这才是历史唯物主义的态度。选择马克思主义和创立中国共产党，都是为形势所迫。从1840年鸦片战争失败开始，先进的中国人，经过千辛万苦，向西方国家寻找真理。开始的时候，只要是西方的新道理，什么书都看，很努力地学习。学了这些新学的人们，在很长的时期内产生了一种信心，认为这些可以救中国。但事实却

命运之旗
——新时代理论创新与新征程使命任务

恰恰相反,西方并没有因为中国人努力学习,就良心发现放下屠刀,反而一次次变本加厉地侵略中国。正如毛泽东所说:"帝国主义的侵略打破了中国人学西方的迷梦。很奇怪,为什么先生老是侵略学生呢?中国人向西方学得很不少,但是行不通,理想总是不能实现。多次奋斗,包括辛亥革命那样全国规模的运动,都失败了。国家的情况一天一天坏,环境迫使人们活不下去。怀疑产生了,增长了,发展了。"

旧路走不通,活不下去了,就要去找新路,去找能活下去的路。恰在这时,过去被中国人认为落后的俄国,像火山喷发一样地爆发了革命,曾经被压迫的工人阶级把沙皇推翻了,把资本家打倒了,把外国干涉军赶跑了,自己当家做了主人。这是何等震撼的事件!1920年毛泽东就明确表达了他的选择:"我看俄国式的革命,是无可如何的山穷水尽诸路皆走不通了的一个变计。"山穷水尽,诸路不通,那就像俄国那样,用马克思主义做武器,搞一场轰轰烈烈的社会革命吧!1949年毛泽东回顾这段历史时更精辟地进行了总结:"十月革命一声炮响,给我们送来了马克思列宁主义。十月革命帮助了全世界的也帮助了中国的先进分子,用无产阶级的宇宙观作为观察国家命运的工具,重新考虑自己的问题。走俄国人的路——这就是结论。"

确定了新的道路,必然需要领导走这条新路的力量。也正如毛泽东所说:"既要革命,就要有一个革命党。没有一个革命的党,没有一个按照马克思列宁主义的革命理论和革命风格建立起来的革命党,就不可能领导工人阶级和广大人民群众战胜帝国主义及其走狗。"

中国诞生了共产党,这是开天辟地的大事件。自从有了共产党,中国革命的面貌就焕然一新了。

三　第二个答案

为了民族复兴，为了人民幸福，一代又一代中国共产党人，汇聚在共产主义的旗帜下，舍生忘死，前赴后继，蒙辱的国家赢得了独立自主，蒙难的民族获得了解放和自由，蒙尘的文明重新放射出灿烂的光华。在世界的东方，新中国如月之恒，如日之升。经过革命、建设和改革的洗礼，特别是新时代取得的历史性成就和历史性变革，今天的中国焕发出蓬勃生机活力，实现中华民族伟大复兴具有了更为完善的制度保证、更为坚实的物质基础、更为主动的精神力量。我们比历史上任何时期都更接近、更有信心和能力实现中华民族伟大复兴的目标。

今天的成就，是无数共产党人付出了巨大牺牲换来的。"为有牺牲多壮志"，这不是笔墨书写的诗句，这是鲜血书写的壮歌。从1921年党成立到1949年新中国建立，全国有名可查的革命烈士有370多万人，平均每天牺牲近400人。新中国成立前的历届中央委员、候补委员共171人，牺牲和遇难的就达42人，约占四分之一；首届中央监察委员会10名委员中有8人牺牲，比例高达80%。经中央军委确定的36位军事家中，献出生命的有11位。地方党委中，四川有8位省委书记牺牲，山东有7位省委书记牺牲，湖南有6位省委书记牺牲，江苏有5位省委书记牺牲。在长期的革命斗争中，毛泽东一家有6人牺牲，包括他的妻子、长子、两个弟弟、妹妹、侄子；贺龙元帅的贺氏宗亲中有名有姓的烈士就有2050人，其中包括他的父亲、两位姐姐、妹妹、弟弟；徐海东大将的家族有70多人牺牲，其中包括27名直系亲属；韦拔群一家有18人牺牲，没有留下一个直系后人。烈士们用生命和热血熔铸了理想信念的丰碑，搭起了中华民族不断攀登的阶梯。

今天的成就，是无数人民群众付出了巨大牺牲换来的。在新民主主义28年的革命历程中，2000多万人民群众付出了宝贵生命。对中国共产党人来说，"人民"从来不是一个抽象的概念，而是总人口只有240万，却有33万人参加红军、60多万人参加支前的赣南13个苏区县的老百姓，是冒死掩护八路军伤病员的无数"堡垒户"，是把最后的一口粮、最后的一块布、最后的一个儿子都交给解放军的沂蒙山里的老大娘，是推着小车步行几百里支前、自己饿晕也不愿动一口军粮的民工，是用最简易的扁担、铁锹驯服了肆虐千年的淮河水患的青年突击队员，是历时10年在悬崖峭壁上挖凿出1500公里干支渠、被誉为"世界第八奇迹"红旗渠的林县10万群众……人民是浩瀚的大海，人民是广袤的土地，人民是共产党人最大的依凭，人民就是江山。

习近平总书记指出："马克思主义政党的先进性和纯洁性不是随着时间推移而自然保持下去的，共产党员的党性不是随着党龄增长和职务提升而自然提高的。初心不会自然保质保鲜，稍不注意就可能蒙尘褪色，久不滋养就会干涸枯萎，很容易走着走着就忘记了为什么要出发、要到哪里去，很容易走散了、走丢了。"无数共产党人、无数人民群众付出巨大牺牲打下的江山、换来的成果，怎能让它变色、怎能让它丧失？跳出"其兴也勃、其亡也忽"的历史周期率，在长期执政中永葆党的先进性和纯洁性，永远得到人民拥护和支持，是当代中国共产党人的神圣职责。

2. 管党治党、兴党强党的时代答卷

一个忘记来路的民族必定是没有出路的民族，一个忘记初心的

三　第二个答案

政党必定是没有未来的政党。党的十八大以来，形势环境变化之快、改革发展稳定任务之重、矛盾风险挑战之多、对我们党治国理政考验之大，前所未有。前进的道路上，我们不知还要爬多少坡、过多少坎、经历多少风风雨雨、克服多少艰难险阻。正所谓："莫言下岭便无难，赚得行人错喜欢。正入万山圈子里，一山放出一山拦。"要应对和战胜前进道路上的各种风险和挑战，关键在党，关键在全面从严治党。历史一再表明，党坚强有力，党同人民保持血肉联系，国家就繁荣稳定，人民就幸福安康。形势的发展、事业的开拓、人民的期待，都要求我们治国必先治党，治党务必从严。对我们这样一个拥有9900多万名党员、在一个14亿多人口大国长期执政的党，管党治党一刻也不能松懈。如果管党不力、治党不严，人民群众反映强烈的党内突出问题得不到解决，那我们党迟早会失去执政资格，不可避免被历史淘汰。很多国家的教训历历在目，这决不是危言耸听。

全面从严治党是党的十八大以来以习近平同志为核心的党中央抓党的建设的鲜明主题。习近平总书记指出："全面从严治党，核心是加强党的领导，基础在全面，关键在严，要害在治。"

"核心是加强党的领导"，强调的是中国共产党领导是中国特色社会主义最本质的特征，是中国特色社会主义制度的最大优势。党是最高政治领导力量，党的领导是党和国家的根本所在、命脉所在，是全国各族人民的利益所系、命运所系。只有坚持和加强党的全面领导，才能确保强化和落实全面从严治党主体责任，把加强和改进党的建设作为重大政治责任，把全面从严治党的各项措施落到实处，为坚持全面从严治党提供根本政治保障。

"基础在全面"，强调的是从严治党面向全体党员和所有党组织，覆盖党的建设各个领域，简单说就是"管全党，治全党"，无死角、无缝隙。从内容上看，从严治党涵盖党的政治建设、思想建设、组织建设、作风建设、纪律建设、制度建设、反腐败斗争各个方面，不是偏重于某一点或某一领域。从主体上看，从严治党覆盖了全体党员和各级党组织，不允许存在特殊党员和特殊组织。从方法上看，从严治党要求常态化、制度化、长效化，而不是搞一阵子、一股风完事。

"关键在严"，强调的是"真管真严、敢管敢严、长管长严"。以党章为根本遵循，以党规党纪为依据，牢牢把握严的主基调，把严的要求贯彻到党的建设的全体对象和全部过程。"严"是具体的，而不是抽象的，中央先后制定和修订的《中国共产党纪律处分条例》《中国共产党党内监督条例》《中国共产党问责条例》《中国共产党组织处理规定（试行）》等党内法规，对党员领导干部的行为进行了严格规范，特别是对党员干部提出了比一般公民更高的要求，比如普通公民打高尔夫球是没有限制的，但党员干部违规取得、持有、实际使用高尔夫球卡就是违纪；普通公民到私人会所消费是没有限制的，但党员干部出入私人会所就是违纪；普通公民参与各种自发组织的同学会、同乡会、战友会并无限制，但党员领导干部违反有关规定组织、参加自发成立的老乡会、校友会、战友会等就是违纪；等等。在具体落实上，党的十八大以来，有效避免了过去曾经出现过的高举轻放、雷声大雨点小的问题，查处的违纪违法案件不仅数量空前而且力度也是空前的。

"要害在治"，强调的是从严治党要确保各项任务和部署不折不扣落实落地。一是落实主体责任。从中央到地方的各级党委，一直到基层党支部，都要负起主体责任。党委书记要担负好第一责任人的职责，纪委要担负起监督责任、执纪责任。二是标本兼治。一体推进不敢腐、不能腐、不想腐。以严厉惩治、形成震慑来强化"不敢"，以扎牢制度笼子、约束权力滥用来强化"不能"，以加强党性教育、提高思想觉悟来强化"不想"。三是抓住重点。从严治党的重点是领导干部这一"关键少数"。"关键少数"对全党全社会具有风向标作用，特别是一把手更是"关键少数"中的"关键少数"，一把手违纪违法最易产生催化、连锁反应，甚至造成区域性、系统性、塌方式腐败。从严治党的要求能不能落到实处，领导机关和领导干部带头非常重要。各级领导干部立正身、讲原则、守纪律、拒腐蚀，就会形成一级带一级、一级抓一级的示范效应，下面就会跟着来、照着做。

全面从严治党，既靠教育，也靠制度，二者一柔一刚，刚柔并济才能克得其和，因此要坚持思想建党与制度治党同向发力、同时发力。

注重党的思想建设是党的优良传统和宝贵历史经验。我们党之所以能够历经艰难困苦而不断发展壮大，很重要的一个原因就是始终重视思想建党，使全党始终保持统一的思想、坚定的意志、协调的行动、强大的战斗力。党的建设中出现的许多问题，都有深刻复杂的思想根源，比如，在思想政治上，一些人信奉"马列主义对人，自由主义对己"，"两个嘴巴说话，两张面孔做人"；在组织生活中，一些人信奉"自我批评摆情况，相互批评提希望"，"你不批我，我不批你；你若批我，我必批你"，"上级对下级，哄着护着；下级对上级，捧着抬着；同级对同级，包着让着"；在执行政策中，一些人信奉"遇到黄灯跑过去，遇到红灯绕过去"，"不求百姓拍手，只求领导点头"；在干部任用中，一些人信奉"不跑不送、降职使用,只跑不送、原地不动,又跑又送、提拔重用";在人际交往中,一些人信奉"章子不如条子,条子不如面子","有关系走遍天下,没关系寸步难行"。这些错误思想不解决,就会严重腐蚀党员和干部,败坏党的风气。要通过加强理想道德教育,使广大党员努力做一个高尚的人、纯粹的人、有道德的人、脱离了低级趣味的人、有益于人民的人。

制度建设更具有根本性、全局性、稳定性和长期性。我们党是吃过制度不健全的亏的。党的十八大以来,以习近平同志为核心的党中央坚持制度治党、依规治党,健全党的领导制度体系,深化党的建设制度改革,完善全面从严治党制度,有序推进各位阶、各领域、各层面、各环节的党内法规制度建设,形成了比较完善的党内法规体系,构建起党统一领导、全面覆盖、权威高效的监督体系,营造了尊崇制度、遵守制度的良好氛围,推动各方面制度更加成熟定型,坚决维护制度的严肃性和权威性,提高制度执行力,让铁规发力、禁令生威,形成了中国共产党之治、中国之治的独特优势。

思想建党与制度治党互为补充、相辅相成。有些人以为有了制度、有了规定就万事大吉,不愿意花功夫去做思想工作,这是不对的。思想建党为制度治党提供了思想基础,使党员干部能够自觉接受纪律约束,使各项制度避免流于形式。还有的人认为天天进行思想教育,大家的觉悟都比较高,对制度的执行不那么上心,觉得太麻烦、太琐碎,这也是不对的。制度治党为思想建党提供了制度保障,使思想教育更加深入人心,强化了思想建设在补钙壮骨、固本培元上的硬约束。

全面从严治党,关键是要在抓常、抓细、抓长上下功夫。抓常,就是要经常抓、见常态。作风建设,重在经常,必须常常抓。

三 第二个答案

风气养成重在日常教化，作风建设贵在常抓不懈，时刻摆上位置、有机融入日常工作，做到管事就管人，管人就管思想、管作风。抓细，就是要深入抓、见实招。作风建设，重在抓细节，必须环环抓。老百姓看作风建设，主要不是看开了多少会、讲了多少话、发了多少文件，而是看解决了什么问题。"春江水暖鸭先知"，有没有变化，老百姓体会最深。抓长，就是要持久抓、见长效。作风建设，重在持久，必须反复抓。历史和现实都告诉我们，抓好作风建设非一日之功。作风问题往往抓一抓就好一些，放一放就松下来，存在一个很难走出来的怪圈。这么多年来，作风问题我们一直在抓，但很多问题不仅没有解决，反而变本加厉了。症结就是没有抓长，三天打鱼两天晒网，集中抓的时候雷霆万钧，平时则放任自流。所以，作风问题必须抓长、长抓，扭住不放，持之以恒，久久为功。要从体制机制层面进一步破题，为作风建设形成长效化保障。

从严治党不能只当口号喊，更不能有"差不多了"的松懈思想。现在，党内有些同志对全面从严治党持续发力感到不适应，有的说管得太死，束缚了手脚；有的说党员、干部也有七情六欲，管党治党应"人性化"；有的说都去抓管党治党，经济社会发展没精力抓了；有的说党风建设已经取得了全局性根本性改变，可以歇口气了。说来说去，就是希望松一点、宽一点。对此，习近平总书记语重心长地指出："实践一再告诫我们，管党治党一刻也不能放松，必须常抓不懈、紧抓不放，决不能有松劲歇脚、疲劳厌战的情绪，必须持之以恒推进全面从严治党，深入推进新时代党的建设新的伟大工程，以党的自我革命引领社会革命。"成绩越大，越需要"愈大愈惧，愈强愈恐"的态度，切不可在管党治党上有丝毫松懈。

命运之旗
——新时代理论创新与新征程使命任务

党的十八大以来,我们把全面从严治党作为新时代党的建设的鲜明主题,纳入"四个全面"战略布局,坚持问题导向,坚持用习近平新时代中国特色社会主义思想武装头脑、凝心聚魂,用伟大建党精神和理想信念教育引导全党不断增强中国特色社会主义道路自信、理论自信、制度自信、文化自信,引导全党不断增强政治意识、大局意识、核心意识、看齐意识,不断提高各级党组织管党治党意识和能力。同时,坚持把纪律挺在前面,坚持以上率下,着力推动全党牢记"五个必须"、防止"七个有之",破解"四唯"难题,管党治党宽松软状况得到根本扭转,风清气正的党内政治生态不断形成和发展。

习近平总书记指出:"把党的建设作为一项伟大工程来推进,并且始终坚持党要管党、从严治党的原则和方针,是我们党的一大创举,也是立党立国、兴党强国的一大法宝。"我们要清醒认识到,党面临的执政环境是复杂的,党员队伍的构成是复杂的,影响党的先进性、弱化党的纯洁性的因素也是复杂的,党内存在的一些深层次问题尚没有得到根本解决,一些老问题反弹回潮的因素依然存在,一些新情况、新问题还在不断出现。一些党员、干部对全面从严治党认识上不到位、思想上不适应、行动上不自觉的情况也依然存在。如果管党不力、治党不严,人民群众反映强烈的突出矛盾和问题得不到及时解决,党执政的基础就会动摇和瓦解;如果已经初步解决的问题反弹回潮、故态复发,就会失信于民,党就会面临更大的危险。"事辍者无功,耕怠者无获",全面从严治党永远在路上。党和人民事业发展到什么阶段,全面从严治党就要跟进到什么阶段,要贯穿于改革开放和现代化建设全过程,贯穿于党的建设和党内生活各方面。全党一定要保持这样的战略定力。

三　第二个答案

3. 最鲜明的品格：勇于自我革命

如何成功跳出治乱兴衰历史周期率，确保党永远不变质、不变色、不变味？这是摆在全党面前的一个战略性问题。自我革命是补钙壮骨、排毒杀菌、壮士断腕、去腐生肌，不断提高自身免疫力，是我们党找到的跳出治乱兴衰历史周期率的第二个答案。习近平总书记指出："勇于自我革命，从严管党治党，是我们党最鲜明的品格。"

为什么说自我革命是我们党最鲜明的品格？

从马克思主义政党理论看，党只有始终保持自身的先进性和纯洁性，才能始终成为伟大事业的领导力量。列宁指出："全部关键在于，先锋队要不怕进行自我教育，自我改造，要不怕公开承认自己素养不够，本领不大。""一个政党对自己的错误所抱的态度，是衡量这个党是否郑重，是否真正履行它对本阶级和劳动群众所负义务的一个最重要最可靠的尺度。"毛泽东指出："因为我们是为人民服务的，所以我们如果有缺点，就不怕别人批评指出。不管是什么人，谁向我们指出都行。只要你说得对，我们就改正。你说的办法对人民有好处，我们就照你的办。"自我革命，"革"的就是一切影响党的先进性、弱化党的纯洁性的问题，习近平总书记指出："先进性和纯洁性是马克思主义政党的本质属性，我们加强党的建设，就是要同一切弱化先进性、损害纯洁性的问题作斗争，祛病疗伤，激浊扬清。"

从党的历史看，我们党能够从最初的50多名党员发展到今天的

命运之旗
——新时代理论创新与新征程使命任务

9900多万名党员，战胜一个又一个困难，取得一个又一个胜利，关键在于我们始终坚持党要管党、全面从严治党不放松，在推动社会革命的同时进行彻底的自我革命，始终跟上时代、实践、人民的要求。正如习近平总书记所说："世界上那么多执政党，有几个敢像我们党这样大规模、大力度、坚持不懈反腐败？"

从现实需要看，面对新征程上的新挑战、新考验，我们要居安思危，时刻警惕我们这个百年大党会不会变得老态龙钟、疾病缠身。"要把新时代坚持和发展中国特色社会主义这场伟大社会革命进行好，我们党必须勇于进行自我革命，把党建设得更加坚强有力。"这既是我们党领导人民进行伟大社会革命的客观要求，也是我们党作为马克思主义政党建设和发展的内在需要。对党的历史上走过的弯路、经历的曲折不能健忘失忆，对中外历史上那些安于现状、死于安乐的深刻教训不能健忘失忆；对自身存在的问题不能反应迟钝，要以伟大自我革命引领伟大社会革命，以伟大社会革命促进伟大自我革命，确保党在新时代坚持和发展中国特色社会主义的历史进程中始终成为坚强领导核心。

中国共产党的伟大，不在于不犯错误，而在于从不讳疾忌医，敢于直面问题，勇于自我革命，具有极强的自我修复能力。历史上，中国共产党多次在曲折、挫折、失误面前显示出强大的自我修复能力。

1925年党的四大召开后，为适应不断发展的工农运动，党中央决定大力发展党员、壮大党的组织和队伍。1年后，党员总数增加，但因部分基层党组织在发展党员过程中没有严格执行组织章程，忽视了考察培养的程序，导致一些品行不端的投机分子混入党内，出现了侵吞、贪污公款等腐化堕落现象，败坏了党的形象，搅乱了党内风气。为了惩处贪腐、遏制不良倾向,1926年8月4日,中共中央召开扩大会议,通过了《中共中央扩大会议通告——坚决清洗贪污腐化分子》。这份《通告》指出:"在这革命潮流仍在高涨的时候,许多投机腐败的坏分子,均会跑在革命的队伍中来,一个革命的党若是容留这些分子在内,必定会使他的党陷于腐化,不特不能执行革命的工作,且将为群众所厌弃。所以应该很坚决的洗清这些不良分子,和这些不良倾向奋斗,才能坚固我们的营垒,才能树立党在群众中的威望。""大会为此决议特别训令各级党部,迅速审查所属同志,如有此类行为者,务须不容情的洗刷出党,不可令留存党中,使党腐化,且败坏党在群众中的威望。望各级党部于接此信后,立即执行,并将结果具报中局,是为至要。"这份不足500字的《通告》,立足党内问题,分析了贪腐给党的事业带来的严重危害,专门部署了治贪反腐的方针,表明了党与贪腐作坚决斗争的立场和决心。这是党的历史上第一份反腐倡廉文件,也可谓中国共产党勇于自我革命的先声。

1927年大革命失败后,党在很短的时间内就通过八七会议确定了土地革命和武装起义的方针,纠正了右倾机会主义错误,中国革命进入土地革命战争时期,党的工作重心开始由城市转向农村,为探索农村包围城市、武装夺取政权的正确道路开辟了通途。党的六届四中全会后,以王明为代表的"左"倾教条主义错误在党内占据领导地位,中央革命根据地第五次反"围剿"失败,红军不得不进行战略转移,踏上了艰苦卓绝的长征之路。长征初期由于博古、李德等错误指挥,红军在突破敌人的湘江封锁线时,付出了巨大代价,损失惨重,几乎陷于绝境。党在1935年1月召开的遵义会议,也是自我革命的典范,这次会议事实上确立了毛泽东同志在党中央

命运之旗
——新时代理论创新与新征程使命任务

和红军的领导地位,开始确立以毛泽东同志为主要代表的马克思主义正确路线在党中央的领导地位,开始形成以毛泽东同志为核心的党的第一代中央领导集体,开启了党独立自主解决中国革命实际问题的新阶段,在最危急关头挽救了党、挽救了红军、挽救了中国革命,在党的历史上是一个生死攸关的转折点。

20世纪30年代中后期,在陕西发生了两起轰动一时的杀人案,而两个案件的处理结果,却映射出国民党和共产党对自身所存在问题的不同态度。

一件发生在1935年底,国民党中央军胡宗南的第一师上校团长张灵甫因疑心妻子吴海兰出轨悍然枪杀了她。案件发生后,吴海兰家人提起诉告,要求严惩凶手。但因第一师是蒋介石起家的部队,属于嫡系中的嫡系,法院和军方接到状纸未及时作出回应。在舆论压力下,被迫将张灵甫送交南京军事法庭查办。但法庭却因国民党内高层的庇护,只判了张灵甫10年监禁。在监狱里张灵甫很受优待,每天除了吃饭、睡觉,就是练字。他的黄埔校友在南京当官的不少,纷纷前来探望,或赠物,或赠钱,他在监狱里的日子很舒坦。一年多后,1937年7月卢沟桥事变爆发,张灵甫的老上司王耀武趁机向蒋介石求情,随后,张灵甫被秘密释放,去了王耀武部队任上校。为了掩人耳目,张灵甫将之前的名字"张钟麟"改为"张灵甫"。一桩轰动一时的"团长杀妻案",就此烟消云散,不了了之。

另一件发生在1937年10月,延安抗日军政大学第三期第六队队长黄克功,因逼陕北公学学生刘茜结婚未遂,在延河畔枪杀了她。案件在边区引起很大震动。经边区法院判决,决定将黄克功处以死刑。黄克功是参加过井冈山斗争和两万五千里长征,担任过红

三 第二个答案

军团政委，在娄山关战役中立过大功的战将，他自知罪行深重，在审判前，专门给毛泽东写了一封信，请求："恕我犯罪一时，留我一条生命，以便将来为党尽最后一点忠。"毛泽东给黄克功案件审判长雷经天写了一封信，信中要求当着黄克功本人的面，向公审大会宣读："黄克功过去斗争历史是光荣的，今天处以极刑，我及党中央的同志都是为之惋惜的。但他犯了不容赦免的大罪，以一个共产党员、红军干部而有如此卑鄙的，残忍的，失掉党的立场的，失掉革命立场的，失掉人的立场的行为，如为赦免，便无以教育党，无以教育红军，无以教育革命者，并无以教育做一个普通的人。因此，中央与军委便不得不根据他的罪恶行为，根据党与红军的纪律，处他以极刑。正因为黄克功不同于一个普通人，正因为他是一个多年的共产党员，是一个多年的红军，所以不能不这样办。共产党与红军，对于自己的党员与红军成员不能不执行比一般平民更加严格的纪律。当此国家危急革命紧张之时，黄克功卑鄙无耻残忍自私至如此程度，他之处死，是他的自己行为决定的。一切共产党员，一切红军指战员，一切革命分子，都要以黄克功为前车之戒。"

两个案件对比，不难看出，国民党对自身的问题千方百计庇护遮掩，共产党却展现了无比严明的纪律。正是因为敢于刀刃向内，剜腐去疮，中国共产党才能保持无坚不摧、无战不胜的坚强战斗力。

延安整风是党在新民主主义革命时期进行的一次历时最长、效果最好的自我革命实践。1941年到1942年，由于日寇的残酷"扫荡"和国民党顽固派的包围封锁，党领导的各抗日根据地面临着极为严重的困难局面。当时八路军人数由40万减少到30万，新四军人数由13.5万减少到11万，解放区人口由1亿下降到5000万。王明"左"倾教条主义尽管在遵义会议上被结束了在中央的统治地位，但思想上、政治上的影响依然存在，主观主义、教条主义的束缚极大影响着党的凝聚力、创造力和战斗力，阻碍着党战胜空前困难。党通过延安整风运动，极大地促进了全党的思想解放，确立了毛泽东思想在党内的指导地位，实现了马克思主义中国化的第一次历史性飞跃。党从政治上和思想上彻底清除了"左"倾教条主义的束缚，增强了马克思主义普遍原理同中国革命的具体实践相结合的自觉性。党确立了一切从实际出发，理论联系实际，实事求是的思想路线，树立起马克思主义的学风、党风、文风。邓小平在谈及这段历史时感慨地说："从延安整风以后，无论前方后方的人，真是生气勃勃，生动活泼，心情舒畅，团结一致。"

自我革命内涵丰富，其中很重要的是通过自我革命使党不断"自我净化、自我完善、自我革新、自我提高"。

自我净化，就是要过滤杂质、清除毒素、割除毒瘤，教育引导全党坚定理想信念宗旨，自觉抵御各种腐朽思想侵蚀，提高政治免疫力，同时聚焦突出问题，自觉向体内病灶开刀，清除一切侵蚀党的健康肌体的病毒。古人说："天下不能常治，有弊所当革也；犹人身不能常安，有疾所当治也。"治病救人，哪能不吃药，对那些顽症须下点猛药才行，对有病毒扩散风险的肿瘤还得动刀子。通过在自我净化上下功夫，不断纯洁党的队伍，保证党的肌体健康。

自我完善，就是要修复肌体、健全机制、丰富功能，着眼于加强党的长期执政能力建设，着力补短板、强弱项，不断构建系统完备、科学规范、运行有效的制度体系，完善决策科学、执行坚决、监督有力的权力运行机制。"蚁穴不填,终将溃堤",人也是一样,身子弱了就要补,免疫力下降就要加强。如果不管不顾,身体就会每况愈下,到问题严重的时候就追悔莫及。通过在自我完善上下功夫,坚持补短板、强弱项、固根本,防源头、治苗头、打露头,堵塞制度漏洞,健全监督机制,提升党的长期执政能力。

自我革新,就是要与时俱进、自我超越,善于调动全党积极性、主动性、创造性,坚决破除一切不合时宜的思想观念和体制机制弊端,通过改革和制度创新压缩腐败现象生存空间和滋生土壤,营造风清气正的政治生态。"惟改革者进,惟创新者强,惟改革创新者胜。"革故鼎新,才能气象日新。通过在自我革新上求突破,深刻把握时代发展大势,勇于推进理论创新、实践创新、制度创新、文化创新以及各方面创新,通过革故鼎新不断开辟未来。

自我提高,就是要有新本领、有新境界,永不僵化、永不停滞,在学习实践中砥砺品格、增长才干,全面增强执政本领,不断提升政治境界、思想境界、道德境界,永葆党的生机活力。通过在自我提高上下功夫,自觉向书本学习、向实践学习、向人民群众学习,加强党性锻炼和政治历练,不断提升政治境界、思想境界、道德境界,全面增强执政本领,建设一支忠诚干净担当的高素质专业化干部队伍。

习近平总书记指出,自我革命关键要有正视问题的自觉和刀刃向内的勇气。100多年来,我们党领导人民取得了革命、建设、改革和新时代的伟大成就,书写了中华民族走向伟大复兴的辉煌篇章,这是很值得自豪的。但同时要警惕,在业绩光环的照耀下,就容易出现忽略自身不足、忽视自身问题的现象。自我革命本身就是对着问题去的,讳疾忌医是自我革命的天敌。无论什么时候,问题

命运之旗
——新时代理论创新与新征程使命任务

总是客观存在的,怕就怕对问题熟视无睹、视而不见,结果小问题变成大问题,小管涌演变为大塌方。

历来的经验都表明,革别人的命容易,革自己的命难。刮骨疗毒是很痛苦的,我们党自我革命的勇气来自党的性质和宗旨,中国共产党除了工人阶级和最广大人民群众的利益,没有自己特殊的利益,是全心全意为人民服务的政党。不谋私利才能谋根本、谋大利,才能从党的性质和根本宗旨出发,从人民根本利益出发,检视自身;才能不掩饰缺点、不回避问题、不文过饰非,有缺点克服缺点,有问题解决问题,有错误承认并纠正错误。

新时代新征程上,我们党要继续开辟自我革命新境界,就要按照习近平总书记提出的,在深入推进党的自我革命实践中把握好九个问题,即:以坚持党中央集中统一领导为根本保证,以引领伟大社会革命为根本目的,以新时代中国特色社会主义思想为根本遵循,以跳出历史周期率为战略目标,以解决大党独有难题为主攻方向,以健全全面从严治党体系为有效途径,以锻造坚强组织、建设过硬队伍为重要着力点,以正风肃纪反腐为重要抓手,以自我监督和人民监督相结合为强大动力。要坚持解放思想、实事求是、与时俱进、守正创新,不断进行实践探索和理论创新,不断深化对党的自我革命的规律性认识,把党的自我革命的思路举措搞得更加严密,把每条战线、每个环节的自我革命抓具体、抓深入。

以坚持党中央集中统一领导为根本保证,就要坚持以党的政治建设为统领,坚守自我革命根本政治方向。党的政治建设是党的根本性建设,决定党的建设方向和效果。政治建设的首要任务,是深刻领会"两个确立"的决定性意义,增强"四个意识"、坚定"四个自信"、做到"两个维护"。将这一首要任务落到实处,必须不断

三　第二个答案

提高政治判断力、政治领悟力、政治执行力，把准政治方向，防范政治风险，永葆政治本色，做到党中央提倡的坚决响应、党中央决定的坚决执行、党中央禁止的坚决不做。

以引领伟大社会革命为根本目的，就是要在推动社会革命的同时进行彻底的自我革命，以党的自我革命来推动党领导人民进行的伟大社会革命。自我革命不是无的之矢，而是社会革命的条件和保障，就是说，党领导的社会革命是党的自我革命的价值追求和目标指向，因此党和人民事业发展到什么阶段，党的自我革命就要同步跟进到什么阶段。党的二十大描绘了以中国式现代化全面推进强国建设、民族复兴伟业的宏伟蓝图，意味着党领导的社会革命进入了新阶段，这对党的自我革命提出了新要求。习近平总书记深刻指出，"同向社会主义现代化强国进军的伟大社会革命相比，党的自身建设上还存在一些不匹配、不适应的地方"，这些不匹配、不适应的地方，正是今后党的自我革命要着力解决的问题。

以习近平新时代中国特色社会主义思想为根本遵循，就是必须坚持把思想建设作为党的基础性建设，淬炼自我革命锐利思想武器。马克思主义信仰、共产主义远大理想、中国特色社会主义共同理想，是中国共产党人的精神支柱和政治灵魂。思想建设的首要任务是坚定理想信念，将这一首要任务落到实处，必须用党的创新理论武装全党，就是用习近平新时代中国特色社会主义思想武装全党、指导实践、推动工作。要在读原著、学原文、悟原理上下功夫，在学懂弄通做实上下功夫，筑牢信仰之基、补足精神之钙、把稳思想之舵，切实把学习成效转化为党和国家事业发展的强大力量。

以跳出历史周期率为战略目标，就是要坚守党的初心使命，高度自觉地以科学的态度、体系化的方式推进自我革命，面对各种复杂形势和严峻考验始终确保党永远不变质、不变色、不变味。党的十八大以来，我们党坚持全面从严治党、深入推进自我革命，成绩是巨大的。但决不能因反腐败斗争取得压倒性胜利并全面巩固而骄傲自满，决不能因党的自我革命不断向纵深发展而沾沾自喜，而是要始终锚定跳出历史周期率的战略目标，以永远在路上的坚韧和执着把党的自我革命进行到底。

以解决大党独有难题为主攻方向，解决大党独有难题，是实现新时代新征程党的使命任务必须迈过的一道坎，是全面从严治党适应新形势新要求必须啃下的硬骨头，我们在下一节详谈这个问题。

以健全全面从严治党体系为有效途径，就是必须坚持构建自我净化、自我完善、自我革新、自我提高的制度规范体系，为推进伟大自我革命提供制度保障，丰富自我革命有效途径。制度建设是全面从严治党的重要保障。党内法规制度体系是以党章为根本，以民主集中制为核心，以准则、条例等中央法规为主干，由各领域、各层级党内法规制度组成的具有内在逻辑的有机整体。党的制度体系建设以党章为根本遵循，习近平总书记高度重视党章在管党治党中的作用，强调党章是"党的根本大法"，要求"建立健全党内制度体系，要以党章为根本依据；判断各级党组织和党员、干部的表现，要以党章为基本标准；解决党内矛盾，要以党章为根本规则"，"全党思想统一，首先是对党章认识的统一；全党行动一致，首先是在执行党章上的一致"。党的十八大以来形成了比较完善的党内法规体系，构建起党统一领导、全面覆盖、权威高效的监督体系，营造了尊崇制度、遵守制度的良好氛围，而制定和修订出台的所有党内法规都是以党章为根本遵循，所有纪律条文都是党章要求的具

三　第二个答案

体化。

以锻造坚强组织、建设过硬队伍为重要着力点，就是必须坚持增强党组织政治功能和组织力、凝聚力，锻造敢于善于斗争、勇于自我革命的干部队伍。党的全面领导、党的全部工作要靠党的坚强组织体系去实现。党的组织建设以政治建设为统领，为党的政治路线服务。增强党组织政治功能和组织力、凝聚力，就要不断严密上下贯通、执行有力的组织体系，推动各级党组织履行党章赋予的各项职责，把党的方针政策和党中央决策部署贯彻落实好，把各领域广大群众组织凝聚好，使每个基层党组织都成为坚强战斗堡垒，把党的政治优势、组织优势充分发挥出来。习近平总书记指出："一个政党、一个国家能不能不断培养出优秀领导人才，在很大程度上决定着这个政党、这个国家的兴衰存亡。"新时代全面从严治党贯彻新时代党的组织路线和好干部标准，以提升组织力为重点强化政治功能，完善上下贯通、执行有力的组织体系，树立加强基层建设的鲜明导向，推动各级党组织全面进步、全面过硬。实践证明，坚决纠正一些基层党组织虚化弱化边缘化问题，充分发挥基层党组织的战斗堡垒作用和共产党员的先锋模范作用，就能把党的政治优势和组织优势不断转化为制胜优势。

以正风肃纪反腐为重要抓手，就是必须坚持以雷霆之势反腐惩恶，打好自我革命攻坚战、持久战。反腐败是最彻底的自我革命。腐败是危害党的生命力和战斗力的最大毒瘤，是党长期执政的最大威胁。党的十八大以来，我们党以零容忍态度惩治腐败，坚持无禁区、全覆盖、零容忍，不敢腐、不能腐、不想腐一体推进，惩治震慑、制度约束、提高觉悟一体发力，反腐败斗争取得压倒性胜利并全面巩固。新征程上，我们要继续发扬彻底的自我革命精神，把严

命运之旗
——新时代理论创新与新征程使命任务

的基调、严的措施、严的氛围长期坚持下去，始终保持零容忍震慑不变、高压惩治力量常在，永远吹冲锋号，做到态度不变、决心不减、尺度不松，坚决打赢反腐败斗争攻坚战持久战。纪律建设是全面从严治党的治本之策，要以严明纪律整饬作风，把纪律建设摆在更加突出位置。要坚持执纪必严、违纪必究，紧盯反复性顽固性、改头换面、隐蔽隐性问题，加大查处问责力度，对违反党纪的问题，发现一起坚决查处一起。

以自我监督和人民监督相结合为强大动力，就是必须深刻理解和正确把握自我监督和人民监督的辩证关系，坚持以党内监督为主导，实现党的自我监督和人民监督有机统一、良性互动。毫无疑问，党内监督在各种监督形式中是最基本、最重要、排在首位的，这是由党的执政地位、党在国家政治生活中的地位决定的，党必须也能够主要依靠自身力量来纠正成员中出现的问题。党内监督有力有效，其他监督才能发挥作用。党内监督失灵，其他监督的效力也难免大打折扣。同时，党也必须自觉接受人民监督。习近平总书记指出："进行自我革命也要注重依靠人民，靠人民群众支持和帮助解决自身问题。"我们不能关起门来搞自我革命，而要多听人民群众的意见，自觉接受人民群众监督。我们常说，群众的眼睛是雪亮的，十几亿人民群众的眼睛，能够帮助党全方位、无死角地发现问题、认识问题、纠正问题。深入推进党的自我革命，必须坚持人民至上的立场、观点、方法，不断拓宽人民的监督渠道，更加自觉地接受人民监督，促进党的执政能力提高和执政基础巩固。

"九个以"为我们着力增强全面从严治党的政治自觉、思想自觉、行动自觉，以永远在路上的坚韧执着把党的自我革命进行到底提供了科学指引，是必须长期坚持、全面贯彻的思想成果。

4. 破解大党独有难题

2022年10月，习近平总书记在党的二十大报告中首次提出了解决大党独有难题的理论命题和历史任务，他指出："全面建设社会主义现代化国家、全面推进中华民族伟大复兴，关键在党。我们党作为世界上最大的马克思主义执政党，要始终赢得人民拥护、巩固长期执政地位，必须时刻保持解决大党独有难题的清醒和坚定。"2023年1月，在二十届中央纪委二次全会上，习近平总书记进一步强调了这个问题，他指出：我们党是在马克思主义建党学说指导下、按照民主集中制原则建立起来的世界最大政党，在世界上人口最多的国家长期执政，历史久、人数多、规模大，既有办大事、建伟业的巨大优势，也面临治党治国的特殊难题。

这一段话深刻阐明了中国共产党为什么会遇到"特殊难题"或者说是"独有难题"。"特殊"或"独有"，表明我们遇到的难题不是世界上所有其他政党都会遇到的，是由我们党的性质、使命和特点决定的特有难题。

从党的性质看，中国共产党是马克思主义执政党，这就与世界上大多数政党区别开了。马克思主义执政党代表最广大人民的根本利益，最高理想和最终目标是实现共产主义。习近平总书记指出："我们共产党人的本，就是对马克思主义的信仰，对中国特色社会主义和共产主义的信念，对党和人民的忠诚。"理想信念动摇是最危险的动摇，理想信念滑坡是最危险的滑坡，党面临的首要任务就是如何始终保持先进性和纯洁性，确保不变质、不变色、不变味。

命运之旗
——新时代理论创新与新征程使命任务

从党的使命看,为中国人民谋幸福,为中华民族谋复兴,为世界谋大同,是中国共产党100多年来矢志不渝的使命担当。使命光荣,责任重大,对党的能力和本领就必然提出极高的要求。特别是当前党的中心任务是团结带领全国各族人民全面建成社会主义现代化强国、实现第二个百年奋斗目标,以中国式现代化全面推进中华民族伟大复兴。而这一伟大事业面临的形势之复杂、任务之艰巨、矛盾之众多,都是前所未有的。这给党不断提升执政能力和领导水平提出了众多要回答的课题。

从党的特点看,我们党历史久、人数多、规模大,100多年的历史,9900多万名党员,500多万个基层组织,给管党治党带来了极大考验。历史久,特别是过往奋斗中取得的成就大,就容易滋生骄傲情绪,容易产生惰性,容易丧失革命精神、斗争精神、干事创业精神,容易安于现状、不思进取,甚至追求享受、腐化堕落。人数多,就很不容易保持思想和行动上的高度一致。规模大,就容易沉溺于自己的小组织、小团队、小圈子,眼里只有"小组织",看不到群众。而一旦脱离群众,党就会失去生命力,党章深刻指出:"我们党的最大政治优势是密切联系群众,党执政后的最大危险是脱离群众。"

习近平总书记从新时代新征程党和国家事业发展全局的高度,以"六个如何始终"深刻分析了大党独有难题的形成原因、主要表现和破解之道,对坚定不移深入推进全面从严治党作出战略部署,充分彰显了习近平总书记高瞻远瞩的战略眼光、无私无我的崇高境界、深切真挚的人民情怀、直面问题的使命担当。

如何始终不忘初心、牢记使命。大家都熟悉一句话,"不忘初心,方得始终",但还有一句同样值得深思牢记,"初心易得,始终难守"。党的事业伟大而艰巨、任重而道远,有人走着走着就忘记了为什么出发，忘记了共产主义远大理想和中国特色社会主义共同理想，忘记了我是谁、为了谁、依靠谁，从而丧失了共产党人的本色。历史上这样的教训是很多的，有的人过得了战争年代出生入死、流血牺牲这一关，却过不了革命胜利后掌权执政这一关；有的人过得了吃糠咽菜、艰辛创业这一关，却过不了市场经济这一关；有的人过得了青年、中年拼搏奉献这一关，却过不了"五十九岁"这一关；有的人过得了自我要求严这一关，却过不了家庭、亲情这一关；有的人过得了生活清贫这一关，却过不了信仰迷失这一关。凡此种种，都是忘记了中国共产党是什么、要干什么这个根本问题，在世界观、人生观、价值观这个"总开关"上滑丝了，松动了。我们必须坚守奠基创业时的初心，坚守党的理想信念宗旨，始终为中国人民谋幸福、为中华民族谋复兴，始终保持党同人民群众的血肉联系，永葆党的先进性和纯洁性。

如何始终统一思想、统一意志、统一行动。我们党是高度集中统一的马克思主义政党，思想上的统一、政治上的团结、行动上的一致是党的事业不断发展壮大的根本所在。党的规模大了，一些人容易出现搞小山头、小圈子、小团伙现象，容易出现尾大不掉、自行其是问题，破坏党的团结统一，影响党的凝聚力、战斗力。随着改革开放逐步深入，社会利益多元化、思想多样化也深刻影响到党员、干部的观念和行为。古人说，"三军一心，则令可使无敌矣"，"一心"强调的就是思想上的统一。思想是行动的先导，理论是实践的指南。任何一个团体，思想上不统一，内部七嘴八舌，三心二意，必然士气涣散，进退失据。中国共产党为什么能，中国特色社会主义为什么好，归根到底是马克思主义行，是中国化时代化的马克思主义行。要做到统一思想、统一意志、统一行动，就要坚持和

命运之旗
——新时代理论创新与新征程使命任务

加强党的政治建设，永葆对党忠诚的政治底色。在当前，就是要深刻领悟"两个确立"的决定性意义，并转化为坚决做到"两个维护"的高度自觉。每一个共产党员必须始终"坚持以党的旗帜为旗帜、以党的方向为方向、以党的意志为意志"，始终做到在党言党、在党忧党、在党为党，任何时候、任何情况下无条件服从党中央的统一指挥。古人说，"天下至德，莫过于忠；天下至仁，莫过于诚"，"石可破也，而不可夺坚；丹可磨也，而不可夺赤"，就是强调任何时候、任何情况下不改其心、不移其志、不毁其节。过去100多年来，任何困难都没有压垮我们，任何敌人都没能打倒我们，靠的就是全党始终统一意志，靠的就是千千万万党员对党的忠诚。我们必须在重大问题、严峻形势面前始终心往一处想、劲往一处使，做到凝心聚力、众志成城，确保全党紧密团结在以习近平同志为核心的党中央周围，步调一致向前进。

如何始终具备强大的执政能力和领导水平。我们党走到今天，一直强调两个方面并重，一个方面是政治过硬，一个方面是本领高强，或者说又红又专。毛泽东曾语重心长地讲过：我们的干部"有威风之外，还要有本领"，"有了学问，好比站在山上，可以看到很远很多东西；没有学问，如在暗沟里走路，摸索不着，那会苦煞人"，"共产党要领导几千万几万万人的革命，假使没有学问，是不成的"。百年大党长期执政，思维惯性、行为惰性客观存在，一些老观念、老套路、老办法容易相沿成习，队伍不断发展壮大也带来干部良莠并存、参差不齐等问题。我们必须与时俱进提高科学执政、民主执政、依法执政水平，克服干部队伍中存在的能力不足、本领恐慌，着重增强学习本领、增强政治领导本领、增强改革创新本领、增强科学发展本领、增强依法执政本领、增强群众工作本领、增强狠抓落实本领、增强驾驭风险本领八个方面的本领，确保适应新时代要求、具备领导现代化建设能力，真正做到政治过硬、本领高强，堪当民族复兴重任。

如何始终保持干事创业精神状态。人是要有一点精神的，一个政党、一个国家更是如此，人无精神则不立，国无精神则不强。中国共产党的先驱们在党的创建和成长的实践中形成了坚持真理、坚守理想，践行初心、担当使命，不怕牺牲、英勇斗争，对党忠诚、不负人民的伟大建党精神，形成了以伟大建党精神为源头的中国共产党人精神谱系，这个精神谱系犹如一条绵延不绝的精神纽带，贯穿于党100多年的奋斗历程。毛泽东在新中国成立后要求"保持过去革命战争时期的那么一股劲，那么一股革命热情，那么一种拼命精神，把革命工作做到底"。习近平总书记指出："我们要建设的社会主义现代化强国，不仅要在物质上强，更要在精神上强。精神上强，才是更持久、更深沉、更有力量的。"这都是有很强针对性的。毋庸讳言，执政几十年承平日久，许多党员、干部没有经历过生死考验，缺乏严峻斗争和艰苦环境的磨砺，容易追求安逸享乐而意志消沉、不思进取，容易在具有许多新的历史特点的伟大斗争面前慌了心神、乱了阵脚。须知中华民族伟大复兴，绝不是轻轻松松、敲锣打鼓就能实现的，全党必须准备付出更为艰巨、更为艰苦的努力。巩固和发展社会主义制度，还需要一个很长的历史阶段，需要我们几代人、十几代人，甚至几十代人坚持不懈地努力奋斗。这是多么伟大又多么漫长的事业！历史只会眷顾坚定者、奋进者、搏击者，而不会等待犹豫者、懈怠者、畏难者。只有以永不懈怠的精神状态和一往无前的奋斗姿态进行伟大斗争、建设伟大工程、推进伟大事业，才能夺取新时代中国特色社会主义伟大胜利，实现中华民

命运之旗
——新时代理论创新与新征程使命任务

族复兴的伟大梦想。这就要求我们必须始终保持艰苦奋斗、奋发有为的精气神,敢于斗争、善于斗争,勇于担当作为,全力战胜前进道路上各种困难和挑战,依靠顽强斗争不断打开事业发展新天地。

如何始终能够及时发现和解决自身存在的问题。毛泽东在党的七大上作的《论联合政府》报告中,提出了一个重要的原则,就是"坚持真理,修正错误",他说:"共产党人必须随时准备坚持真理,因为任何真理都是符合人民利益的;共产党人必须随时准备修正错误,因为任何错误都是不符合于人民利益的。"而七大会场里面墙上的"V"字旗座上写的也是"坚持真理,修正错误"这8个字。做到这8个字是不容易的,但与坚持真理比较,修正错误更难一些。要修正错误,首先要有发现错误的眼力、指出错误的勇气,其次要有纠正错误的办法,最后还要有团结犯错误同志的胸怀和气度。一个没有自我纠错能力的政党,必然逐渐丧失活力,沉疴累积,最终失去生机,被别的力量取而代之。习近平总书记指出:"堡垒最容易从内部被攻破,能打败我们的只有我们自己。"我们这么大一个党,有着光荣的历史、伟大的成就,一些人很容易在执政业绩光环的照耀下出现忽略自身不足、忽视自身问题的现象,陷入"革别人命容易,革自己命难"的境地。我们必须坚持真理、修正错误,始终顺乎潮流、顺应民心,总结经验、吸取教训,在世界形势深刻变化的历史进程中始终走在时代前列、朝着正确方向前进。

如何始终保持风清气正的政治生态。什么是政治生态?简单说,就是从政环境。健康洁净的党内政治生态,是党的优良作风的生成土壤,是党的旺盛生机的动力源泉,是保持党的先进性纯洁性、提高党的创造力凝聚力战斗力的重要条件,是党团结带领全国各族人民完成历史使命的有力保障,是我们党区别于其他非马克思主义政党的鲜明标志。自然生态如果不注意保护，会受到污染；政治生态如果不注意维护，也一样会受到污染。长期以来，各种弱化党的先进性、损害党的纯洁性的因素无时不有，各种侵蚀党的肌体健康的病毒无处不在，比如不信马列信鬼神，各种各样的潜规则，密密麻麻的关系网，热衷于政绩工程、表面文章，形式化、庸俗化的党内政治生活，拉山头、建码头、立圈子的江湖恶习，干的不如看的、看的不如判的"逆淘汰"，遇到困难绕着走、遇到群众躲着走、遇到工作拖着办、遇到矛盾往上交的不担当不作为，等等。如果不严加防范，不经常打扫政治灰尘，久而久之必将积重难返。我们必须常怀忧患意识、底线思维，始终保持刀刃向内的坚定自觉，补钙壮骨、排毒杀菌、祛病疗伤、去腐生肌，涵养积极健康的党内政治文化，持续净化党内政治生态，汇聚激浊扬清的强大正能量，使党永远不变质、不变色、不变味。

跳出历史周期率的第二个答案，是习近平总书记在对党百年奋斗历史进行科学总结基础上进行的创造性概括，进一步丰富和发展了马克思主义建党学说。第一个答案"让人民来监督政府"与第二个答案"党的自我革命"是相辅相成、相互促进、相得益彰的关系，共同构成了我们党跳出治乱兴衰历史周期率的两个支撑点。

5. 引领时代的制胜之道

习近平总书记指出："放眼全世界，没有任何一个政党能像中国共产党如此严肃认真地对待自身建设，如此高度自觉地以科学的态度、体系化的方式推进自我革命，这是我们党的显著优势，也是

命运之旗
——新时代理论创新与新征程使命任务

引领时代的制胜之道。"

党的十八大以来，习近平总书记科学总结党的百年奋斗历史经验和新时代全面从严治党实践经验，创造性地提出党的自我革命重大命题，并在全面从严治党的伟大实践中不断丰富和发展，形成了党的自我革命的重要思想。

我们可以简要地回顾一下这个重要思想的发展过程。2015年5月5日，习近平总书记在中央全面深化改革领导小组第十二次会议上的重要讲话中，围绕全面深化改革，明确提出"勇于自我革命"这一概念。2016年7月，在庆祝中国共产党成立95周年大会上，习近平总书记号召全党"以自我革命的政治勇气，着力解决党自身存在的突出问题"，正式将"自我革命"运用到党的建设领域。2017年10月，党的十九大报告将"勇于自我革命"纳入新时代党的建设总要求。10月25日，在十九届中央政治局常委同中外记者见面时，习近平总书记在讲话中将自我革命与社会革命并列，提出了"中国共产党能够带领人民进行伟大的社会革命，也能够进行伟大的自我革命"的重要论断。2018年1月5日，习近平总书记在新进中央委员会的委员、候补委员和省部级主要领导干部学习贯彻习近平新时代中国特色社会主义思想和党的十九大精神研讨班开班式的讲话中，阐述了党的自我革命与党领导的社会革命的辩证关系。2019年1月11日，习近平总书记在十九届中央纪委三次全会上的讲话中，明确提出了党的自我革命的目标任务，论述了党的自我革命的基本内涵是实现自我净化、自我完善、自我革新、自我提高。2019年6月24日，习近平总书记在十九届中央政治局第十五次集体学习时的讲话中，比较系统地总结了党推进自我革命的重要经验，阐述了推进自我革命要处理好的四组关系。2021年11月，党的十九届六中全

三 第二个答案

会将"坚持自我革命"作为党的百年奋斗积累的十个方面的宝贵历史经验之一,写入党的第三个历史决议。习近平总书记在全会上的讲话中明确提出,党的自我革命是党对如何跳出治乱兴衰历史周期率给出的第二个答案。

2022年1月,在党的十九届中央纪委六次全会上,习近平总书记用"九个坚持"精辟概括了对伟大自我革命的规律性认识,即:坚持党中央集中统一领导,坚持党要管党、全面从严治党,坚持以党的政治建设为统领,坚持严的主基调不动摇,坚持发扬钉钉子精神加强作风建设,坚持以零容忍态度惩治腐败,坚持纠正一切损害群众利益的腐败和不正之风,坚持抓住"关键少数"以上率下,坚持完善党和国家监督制度,形成全面覆盖、常态长效的监督合力。2024年1月,在二十届中央纪委三次全会上,习近平总书记用"九个以"深刻阐述了深入推进党的自我革命实践中需要把握好的九个问题。"九个坚持"和"九个以"是源于新时代党的自我革命伟大实践的思想结晶,彰显了党的自我革命的重要思想得到进一步丰富发展。

从以上的简要回顾可以看出,在新时代全面从严治党的实践和理论探索中,我们不断深化对党的自我革命的规律性认识,形成了一系列重要理论成果,系统回答了我们党为什么要自我革命、为什么能自我革命、怎样推进自我革命等重大问题,进而深刻回答了建设什么样的长期执政的马克思主义政党、怎样建设长期执政的马克思主义政党的重大时代课题,构成了一个原创性、系统性、实践性和开放性的思想体系,这是习近平新时代中国特色社会主义思想对马克思主义建党学说的重大发展,标志着我们党对马克思主义执政党建设规律的认识达到了新高度。

毛泽东深刻指出:"实践、认识、再实践、再认识,这种形式,

命运之旗
——新时代理论创新与新征程使命任务

循环往复以至无穷,而实践和认识之每一循环的内容,都比较地进到了高一级的程度。这就是辩证唯物论的全部认识论。"我们党领导的革命、建设和改革都经历了这样一个认识和把握规律的过程。同样,新征程继续深化对党的自我革命的规律性认识,也要经历这样的过程。在这个过程中,要注意这样几个问题。

一是要增强主动性。就是要不断增强认识和把握规律的自觉性和积极性。规律是客观存在的,同时又是人类文明的结晶。规律既不能被创造,也不能被消灭,但是人类可以通过积极主动的实践活动发现、掌握和运用规律。世界上有那么多的执政党,而像中国共产党这样勇于自我革命的却并不多见。习近平总书记指出:"我们党之所以有自我革命的勇气,是因为我们党除了国家、民族、人民的利益,没有任何自己的特殊利益。""不谋私利才能谋根本、谋大利,才能从党的性质和根本宗旨出发,从人民根本利益出发,检视自己;才能不掩饰缺点、不回避问题、不文过饰非,有缺点克服缺点,有问题解决问题,有错误承认并纠正错误。"任何一个政党都不可能不犯错误,中国共产党之所以伟大,不在于不犯错误,而在于从不讳疾忌医,敢于直面问题,勇于自我革命。新时代兴党强党,就要坚持用时代发展要求审视自己,以强烈忧患意识警醒自己,始终保持解决大党独有难题的清醒和坚定。想想当年,苏联共产党拥有2000多万名党员,执政70多年,治理着世界上领土面积最大的国家,可一朝倾覆,所有的奋斗、荣耀和理想都化作泡影。这个惨痛教训警示我们,马克思主义执政党如果缺乏自我革命精神,不能刀刃向内正视和及时解决党内存在的突出问题,就最终难逃亡党亡国的悲惨结局。现在我们党是世界上最大的马克思主义执政党,领导人民取得了世所公认、史所未有的巨大成就,很容易在

三　第二个答案

执政业绩光环的照耀下迷失自我，出现忽略自身不足、忽视自身问题的现象，陷入"革别人命容易，革自己命难"的境地。面对如何始终不忘初心、牢记使命，如何始终统一思想、统一意志、统一行动，如何始终具备强大的执政能力和领导水平，如何始终保持干事创业精神状态，如何始终能够及时发现和解决自身存在的问题，如何始终保持风清气正的政治生态这些大党独有难题，能不能保持永不自满、永不懈怠的品格，能不能时刻保持清醒头脑和坚定意志，是一个很大的考验。赶考之路远未结束，决不能安于现状，应当永远保持积极进取、锐意向前的主动精神。

二是要增强科学性。就是要善于看到本质、把握关键、精准施策。毛泽东在《反对党八股》的报告中，提出了共产党靠什么吃饭的问题，他说："共产党不靠吓人吃饭，而是靠马克思列宁主义的真理吃饭，靠实事求是吃饭，靠科学吃饭。"这个"靠科学吃饭"，在这里主要不是指各类自然科学，而是指想问题、办事情要靠掌握和运用客观规律，作出科学决策。我们要以科学的态度和方法，正确总结经验，不断认识和把握党的自我革命的深层规律。这就要求我们想问题、看事情要聚焦关键环节，解决突出问题。问题无处不在、无时不有，要善于抓主要矛盾和矛盾的主要方面。比如，党的思想建设是党的基础性建设，那么思想建设的根本任务是什么呢？党的二十大报告明确提出："用党的创新理论武装全党是党的思想建设的根本任务。"抓不住、抓不好这个根本任务，精神上就会"缺钙"，就会得"软骨病"，就必然导致政治上变质、经济上贪婪、道德上堕落、生活上腐化。抓住了这个主要矛盾，就是抓住了思想建设的精髓。再比如，现在党员干部在担当作为方面，既有能力不足"不能为"的问题，也有动力不足"不愿为"的问题，还有勇气不足

命运之旗
——新时代理论创新与新征程使命任务

"不敢为"的问题,解决这个问题,就要具体问题具体分析,只有透过表象看到每个同志存在的问题的实质,做到精准判断,精准发力,才能务实高效地解决问题。

三是要增强创造性。就是要通过及时解答时代新课题来认识和把握党的自我革命的规律性。时代是思想之母,实践是理论之源。习近平总书记指出:"我们推进理论创新是实践基础上的理论创新,而不是坐在象牙塔内的空想,必须坚持在实践中发现真理、发展真理,用实践来实现真理、检验真理。"习近平总书记关于党的自我革命的重要思想,是针对新时代党的建设的形势和任务而创造性地提出来的具有原创性、标志性的理论成果,也需要在推进党的建设新的伟大工程的实践中得到创造性发展。实践发展没有止境,理论创新也没有止境。科学理论的价值就在于回答时代课题,推动实践发展。新时代新征程面临的一系列新课题,迫切需要找到新的解决办法。而新时代党的自我革命的伟大实践,为我们提供了理论创新的不竭源泉,我们要深刻总结其中凝结的新鲜经验,在世界马克思主义政党命运比较和我们党长期执政面临的现实考验中,不断深化对党的自我革命的重要思想的规律性认识。

四 真正掌握看家本领

四　真正掌握看家本领

2023年5月17日，习近平总书记在听取陕西省委、省政府工作汇报时强调，以学增智，就是要从党的科学理论中悟规律、明方向、学方法、增智慧，把看家本领、兴党本领、强国本领学到手，提升政治能力、思维能力、实践能力。从根本上说，党在百年征程上取得的所有成就，都是中国化时代化的马克思主义的胜利，这是贯穿党的全部历史的主线。新时代取得的具有里程碑意义的历史性胜利，首先是全党坚持不懈用习近平新时代中国特色社会主义思想武装头脑、指导实践、推动工作，是习近平总书记掌舵领航，举旗定向，带领人民团结奋斗、攻坚克难结出的果实。加强理论武装，重点是把握好习近平新时代中国特色社会主义思想的世界观和方法论，坚持好、运用好贯穿其中的立场、观点、方法。这是习近平新时代中国特色社会主义思想的精髓和活的灵魂，也是我们应对一切挑战的看家本领。

1. "六个必须坚持"

真正学懂弄通做实习近平新时代中国特色社会主义思想，最重要的是要把握这一思想的世界观、方法论和贯穿其中的立场、观点、方法。党的二十大报告把这些世界观、方法论和立场、观点、方法概括为"六个必须坚持"，即必须坚持人民至上、必须坚持自信自立、必须坚持守正创新、必须坚持问题导向、必须坚持系统观念、必须坚持胸怀天下，这是打开思想之门的"金钥匙"，是谱写马克思主义中国化时代化新篇章的根本遵循。

必须坚持人民至上。人民性是马克思主义的本质属性，党的理论是来自人民、为了人民、造福人民的理论，人民的创造性实践是理论创新的不竭源泉。我们党的领袖从来都是这样认识的。毛泽东是影响了世界历史进程、赢得了世界上一切向往进步的人们敬佩的伟人，他却说："我没有能够改变世界，只改变了北京附近的几个地方。"他是伟大的无产阶级革命家、战略家、理论家，他却说："我没有什么著作，只是些历史事实的记录。"他是中国共产党、中国人民解放军、中华人民共和国的主要缔造者，是领导中国人民彻底改变自己命运和国家面貌的一代伟人，他却说："群众是真正的英雄，而我们却是幼稚可笑的，包括我。"在革命战争年代，千百万真心实意地拥护革命的群众是真正的铜墙铁壁。解放战争期间，毛泽东和党中央机关转战陕北，从1947年3月18日主动撤离延安到1948年3月23日由吴堡县川口东渡黄河，先后辗转延安、延川、清涧、子长、安塞、靖边、横山、子洲、绥德、葭县、米脂、吴堡12个县的38个村镇，370个日夜行程2000余里。当时国民党追兵20余万，毛泽东身边只有4个连几百人，力量对比十分悬殊。很多人劝他离开陕北转移到相对安全的地方，毛泽东力排众议，坚决留在陕北。在与敌人周旋时，最危险的时候，敌人在山梁上，毛泽东一行人在山沟里，连敌人的手电、火把、长官的训骂声、武器碰撞声都看得见听得到，稍有不慎，就是灭顶之灾。在这样极其艰险的环境中，毛泽东镇定自若，以"胸中自有雄兵百万"的气势，指挥着全国解放战争。他的底气来自哪里呢？他深知，这场转战，不是靠枪炮的直接比拼，而是民心的对决。转战陕北期间，为什么党中央和

四　真正掌握看家本领

毛主席多次与敌军近在咫尺，却总能化险为夷，安然无恙？最根本的原因，是党和领袖在陕北的群众基础牢不可破。陕北的老百姓人人都是红色哨兵，他们主动打探敌情，传递情报，敌人的一举一动我军了如指掌，而我方情况群众却守口如瓶，国民党军队走到哪里都是聋子、瞎子，始终无法确定党中央和毛泽东的位置。人民，是毛泽东指挥若定的最大底气！1973年6月，已到暮年的毛泽东会见来访的非洲客人。客人说，看了您的军事和政治著作，我们都认为您是有史以来唯一的天才。毛泽东淡淡一笑，回应道：你不要说我是天才。我是地才，地就是土地吧。都是人民群众的经验，我作的总结。没有人民，啥事都干不成啊！毛泽东多次提出"群众是真正的英雄"，该怎么理解这句话？至少有三层意思，第一层是尊重人民群众的地位和作用，承认人民是历史的创造者；第二层是只有虚心向人民群众学习，我们才可能成为真正的英雄；第三层是我们最终算不算英雄，也要由人民群众来评判。如果不能深刻理解这句话的内涵，就会像毛泽东说的那样，变得"幼稚可笑"。党的十八大以来，习近平总书记以"我将无我，不负人民"的崇高情怀，从理论和实践的结合上系统回答了新时代如何坚持人民至上这一重大时代命题。他指出，江山就是人民，人民就是江山。我们党来自人民、扎根人民、造福人民，必须始终牢记初心使命，坚持全心全意为人民服务的根本宗旨。人民对美好生活的向往就是我们奋斗的目标，要从人民群众普遍关注、反映强烈、反复出现的问题出发，不断增强人民群众的获得感、幸福感、安全感。他强调，人民是我们党执政的最大底气，人民是创造历史、改造现实、开辟未来的伟大力量，要坚持为了人民、依靠人民，尊重人民群众主体地位和首创精神，在人民面前，我们永远是小学生，必须自觉拜人民为师，向

命运之旗
——新时代理论创新与新征程使命任务

能者求教,向智者问策,必须充分尊重人民所表达的意愿、所创造的经验、所拥有的权利、所发挥的作用,把人民群众中蕴藏着的智慧和力量充分激发出来。

必须坚持自信自立。党的百年奋斗成功道路是党领导人民独立自主探索开辟出来的,马克思主义的中国篇章是中国共产党人依靠自身力量实践出来的,贯穿其中的一个基本点就是中国的问题必须从中国基本国情出发,由中国人自己来解答。中国人民和中华民族从近代以后的深重苦难走向伟大复兴的光明前景,从来就没有教科书,更没有现成答案。在党的百年奋斗历程中,我们遇到了数不清的挑战、困难、风险,有时候甚至是巨大挫折和生死考验,但我们党始终坚持自信自立,自强不息。党在幼年时期,曾经照着俄国革命的方子去抓药,搞城市中心论,付出了很大的代价才认识到要走农村包围城市的道路。新中国成立初期,我们也曾经照着苏联搞计划经济的方子抓药,结果也是走不通,经过差不多30年的摸索,找到了中国特色社会主义这条正确道路。改革开放以来,同样很多人想给我们开方子,什么"新自由主义""华盛顿共识""宪政民主""普世价值"等等,我们没有上他们的当,而是一以贯之坚持党的基本路线不动摇,坚持走自己的路,才有了今天的成功。中国共产党团结带领中国人民创造了经济快速发展和社会长期稳定两大奇迹,彰显了把握自身命运、办好自己事情的强大能力。所以,习近平总书记指出:"当今世界,要说哪个政党、哪个国家、哪个民族能够自信的话,那中国共产党、中华人民共和国、中华民族是最有理由自信的。"我们是大国大党,在发展方向、发展道路这个根本问题上,这个世界上谁也帮不了我们,只有靠我们自己摸索,革命如此,建设如此,中国式现代化也同样如此。正如习近平总书记所告诫的那样:"要坚持独立自主、自立自强,坚持把国家和民族发展放在自己力量的基点上,坚持把我国发展进步的命运牢牢掌握在自己手中。"新征程上,我们要坚持对马克思主义的坚定信仰、对中国特色社会主义的坚定信念,做到"两个不能":既不能刻舟求剑、封闭僵化,也不能照抄照搬、食洋不化。

必须坚持守正创新。守正才能不迷失方向、不犯颠覆性错误,创新才能把握时代、引领时代。什么是正?不偏不倚为正。对中国共产党人来说,守正守什么呢?就是"三个不动摇",即坚持马克思主义基本原理不动摇,坚持党的全面领导不动摇,坚持中国特色社会主义不动摇。这三条无论别人怎么议论、怎么蛊惑,都不能动摇,动摇了就会产生无法承受的后果。这一点上,苏联是很有代表性的失败样本。勃列日涅夫执政时期,他满足于现状,因循守旧,害怕改革,苏联看上去很强大,实际上内在的问题越积越重,各种矛盾到了大爆发的临界点。而到了戈尔巴乔夫时期,他看到苏联难以为继的现实,非常热衷于改革,但他的改革却盲目崇拜西方,学习西方的那一套政治制度,改来改去,社会主义的旗帜丢掉了,共产党的领导权丧失了,结果把国家改垮了。我们的改革从一开始,就是把举旗帜和说新话有机统一在一起的。邓小平强调:毛泽东思想这个旗帜丢不得,丢掉了这个旗帜,实际上就否定了我们党的光辉历史。同时他也强调,改革开放胆子要大一些,敢于试验,看准了的,就大胆地试,大胆地闯。坚持守正创新,我们在改革开放一开始就明确坚持四项基本原则,40多年来,遭到多少攻击,又经受了多少考验!现在也没有风平浪静。历史虚无主义一有机会就要跳出来,利用各种机会否定党的光辉历史,否定社会主义制度,丑化党的领袖人物和英雄模范,攻击我们的各种制度和体制,这是我们

命运之旗
——新时代理论创新与新征程使命任务

时刻都要保持警惕的。创新,包括理论创新、制度创新、科技创新、文化创新以及其他各方面的创新,其中最重要的是理论创新,就是指导思想的创新发展。理论创新是很不容易的,这个不容易可以用三句话来体现,第一句话是敢于杀出一条血路来,说明创新往往会遇到很多阻力,要有极大决心,要敢于说前人没有说过的新话,敢于干前人没有干过的事情。第二句话是摸着石头过河,说明要小心翼翼,要一步步来,不能过于急躁。我们是个大国,是不能犯颠覆性错误的,一失足成千古恨。摸着石头过河就是摸规律,要不断深化对共产党执政规律、社会主义建设规律和人类社会发展规律的认识。第三句话是加强顶层设计和问计于民的统一。随着改革的不断深化,局部的阶段性的改革完成得差不多了,剩下的是硬骨头,是最困难的,就是改革进入深水区,石头不大容易摸到了,怎么办呢?是望河兴叹,止步不前,还是倒退回去重新找路?都不对。要加强宏观思考和顶层设计,更好地凝聚民智民心,更加注重改革的系统性、整体性、协同性,不断把改革开放引向深入。

必须坚持问题导向。问题是时代的声音,回答并指导解决问题是理论的根本任务。新时代10多年来,习近平总书记以强烈的问题意识、鲜明的问题导向,解决了一系列长期积累及新出现的突出矛盾和问题,推动中华民族伟大复兴进入不可逆转的历史进程。我们可以从四个大的问题上来看。

第一个是10多年前,党内存在不少对坚持党的领导认识模糊、行动乏力,落实党的领导弱化、虚化、淡化问题,有些党员、干部政治信仰发生动摇,一些地方和部门形式主义、官僚主义、享乐主义和奢靡之风屡禁不止,特权思想和特权现象较为严重,贪腐问题触目惊心。以习近平同志为核心的党中央旗帜鲜明地将坚持和加强党的全面领导作为最根本原则，确保党中央权威和集中统一领导，确保党发挥总揽全局、协调各方的领导核心作用，使党更加团结统一。坚持党要管党、全面从严治党，以党的政治建设统领党的建设各项工作，坚决整治群众身边的不正之风和腐败问题，开展史无前例的反腐败斗争，探索出依靠党的自我革命跳出历史周期率的成功路径，消除了党、国家、军队内部存在的严重隐患，管党治党宽松软状况得到根本扭转，风清气正的党内政治生态不断形成和发展。

第二个是10多年前，我国经济结构性、体制性矛盾突出，发展不平衡、不协调、不可持续，传统发展模式难以为继，一些深层次体制机制问题和利益固化藩篱日益显现，民生保障存在不少薄弱环节，资源环境约束趋紧、环境污染问题突出。以习近平同志为核心的党中央提出并贯彻新发展理念，构建新发展格局，实施供给侧结构性改革，推动经济高质量发展。坚决破除各方面体制机制弊端，推动中国特色社会主义制度更加成熟、更加定型。实行更加积极主动的开放战略，形成更大范围、更宽领域、更深层次对外开放格局。坚持精准扶贫、尽锐出战，打赢了人类历史上规模最大的脱贫攻坚战，历史性地解决了绝对贫困问题。坚持人民至上，推动人民生活全方位改善。加强生态环境保护和治理，推动生态环境保护发生历史性、转折性、全局性变化。

第三个是10多年前，一些人对中国特色社会主义政治制度自信不足，有法不依、执法不严等问题严重存在，拜金主义、享乐主义、极端个人主义和历史虚无主义等错误思潮不时出现，网络舆论乱象丛生，严重影响人们思想和社会舆论环境。以习近平同志为核心的党中央坚持马克思主义在意识形态领域指导地位的根本制度，推动新时代党的创新理论和社会主义核心价值观深入人心，推动中华优秀传统文化创造性转化、创新性发展，文化事业日益繁荣，网络生态持续向好，青年一代更加积极向上，意识形态领域形势发生全局性、根本性转变，全党全国各族人民文化自信明显增强、精神面貌更加奋发昂扬。

第四个是10多年前，维护国家安全制度不完善、应对各种重大风险能力不强，国防和军队现代化存在不少短板弱项，香港、澳门落实"一国两制"的体制机制不健全，国家安全受到严峻挑战。以习近平同志为核心的党中央以坚定的意志品质维护国家主权、安全、发展利益。有效遏制民族分裂势力、宗教极端势力、暴力恐怖势力。推动香港进入从由乱到治走向由治及兴的新阶段，香港、澳门保持长期稳定发展良好态势。提出新时代解决台湾问题的总体方略，牢牢把握两岸关系主导权和主动权。坚持党对人民军队的绝对领导，显著提升人民军队现代化水平和实战能力。全面推进中国特色大国外交，推动构建人类命运共同体，推动构建新型国际关系，全面开展抗击新冠疫情国际合作，显著提升我国国际影响力、感召力、塑造力。

面对这些影响党长期执政、国家长治久安、人民幸福安康的突出矛盾和问题，党中央审时度势、果敢抉择，锐意进取、攻坚克难，团结带领全党全军全国各族人民撸起袖子加油干、风雨无阻向前行，义无反顾进行具有许多新的历史特点的伟大斗争。10多年来，正是坚持问题导向，勇于直面存在的问题，我们采取一系列战略性举措，推进一系列变革性实践，实现一系列突破性进展，取得一系列标志性成果，经受住了来自政治、经济、意识形态、自然界等方面的风险挑战考验，党和国家事业取得历史性成就、发生历史性变革，推动我国迈上全面建设社会主义现代化国家新征程。坚持问题导向是新时代伟大变革的重要经验。我们现在面对着五个方面的突出问题，即实践遇到的新问题、改革发展稳定存在的深层次问题、人民群众急难愁盼问题、国际变局中的重大问题、党的建设面临的突出问题。这些问题的复杂程度、解决的困难程度都是过去没有遇到的，对党治国理政的能力是极大的考验。我们现在面临的国际变局是百年未有的，面临的外部挑战是改革开放以来最复杂严峻的，很考验我们的应变能力。这都给理论创新提出了全新要求。

必须坚持系统观念。只有用普遍联系的、全面系统的、发展变化的观点观察事物，才能把握事物发展规律。全民族抗战爆发后，国内存在着"亡国论"和"速胜论"两种错误认识，其错误根源就是认识方法上的片面性。"亡国论"只看到中国和日本在军事实力和经济实力上的差距，"速胜论"只看到美英帝国主义与日本帝国主义的矛盾的一面，都是"一叶障目，不见泰山"。只有毛泽东全面分析了敌我双方的基本特点，全面分析了中国和日本两国的优势和劣势，全面分析了中国和日本的实力消长趋势，从而得出了正确的结论："中国会亡吗？答复：不会亡，最后胜利是中国的。中国能够速胜吗？答复：不能速胜，抗日战争是持久战。"由两国的基本特点和优劣比较，毛泽东又指明胜利的路径：兵民是胜利之本。只要动员了全国老百姓，就会造成陷敌于灭顶之灾的汪洋大海，造成弥补武器等等缺陷的补救条件，造成克服一切战争困难的前提。后来整个抗日战争的发展，与毛泽东的分析预判完全一致。习近平总书记指出："万事万物是相互联系、相互依存的。只有用普遍联系的、全面系统的、发展变化的观点观察事物，才能把握事物发展规律。"党的十八大以来，以习近平同志为核心的党中央坚持系统谋划、统筹推进党和国家各项事业，根据新的实践需要，形成一系

命运之旗
——新时代理论创新与新征程使命任务

列新布局和新方略,带领全党全国各族人民取得了历史性成就。在这个过程中,系统观念是具有基础性的思想和工作方法。如何提高系统思维能力?要善于做到"两看",即通过历史看现实、透过现象看本质。要把握好"五对关系",即全局和局部、当前和长远、宏观和微观、主要矛盾和次要矛盾、特殊和一般的关系。要提高七种思维能力,即战略思维、历史思维、辩证思维、系统思维、创新思维、法治思维、底线思维能力。

必须坚持胸怀天下。中国共产党是为中国人民谋幸福、为中华民族谋复兴的党,也是为人类谋进步、为世界谋大同的党。我们要以海纳百川的宽阔胸襟借鉴吸收人类一切优秀文明成果,推动建设更加美好的世界。"坚持胸怀天下"是十九届六中全会总结党的百年奋斗重大成就和历史经验时首次作出的概括,同时也是马克思主义基本原理中蕴含的内容。《共产党宣言》明确指出:"无产阶级只有解放全人类才能最终解放自己。"中国共产党人始终把为人类谋进步、为世界谋大同作为自己的使命。李大钊预言"试看将来的环球,必是赤旗的世界";毛泽东等人发起成立新民学会,把"改造中国与世界"作为学会宗旨;蔡和森主张"实行国际联合,完成民主革命的反帝反封建任务";党的无数先烈,在走向刑场的时候高唱的是《国际歌》,坚信的是"英特纳雄耐尔就一定要实现"!习近平总书记指出:"大时代需要大格局,大格局呼唤大胸怀。从'本国优先'的角度看,世界是狭小拥挤的,时时都是'激烈竞争'。从命运与共的角度看,世界是宽广博大的,处处都有合作机遇。"改革开放40多年,中国一直坚持以自己的新发展为世界提供新机遇,欢迎各国搭乘中国发展的列车。在风急雨骤的时候,中国展现了大国应有的责任和担当。1997年面对亚洲金融危机,中国扮演了

"定海神针"的角色；2008年面对世界金融危机，中国扮演了"增长引擎"的角色；2022年面对世纪疫情和全球经济形势动荡，中国扮演了"稳定岛"的角色。这就是中国共产党践行"为人类作出新的更大贡献"使命的气度风范。

"六个必须坚持"相互联系、内在统一，是习近平新时代中国特色社会主义思想的世界观和方法论，是继续推进实践基础上的理论创新、形成与时俱进理论新成果的根本要求。只有认真学习、深刻把握"六个必须坚持"，用"六个必须坚持"进行思维，才能真正在深层次上提高思想理论水平，把思想方法搞对头，才能更好地指导实践。

2. 不断提高调查研究的能力

习近平新时代中国特色社会主义思想的世界观和方法论是对马克思主义世界观和方法论的创造性发展和运用，而"实事求是"是马克思主义的根本观点，是中国共产党人认识世界、改造世界的根本要求，是我们党的基本思想方法、工作方法、领导方法。能不能做到实事求是，是党和国家各项工作成败的关键。习近平总书记强调："坚持从实际出发，前提是深入实际、了解实际，只有这样才能做到实事求是"，"要了解实际，就要掌握调查研究这个基本功"。他指出："坚持实事求是，就要深入实际了解事物的本来面貌。要透过现象看本质，从零乱的现象中发现事物内部存在的必然联系，从客观事物存在和发展的规律出发，在实践中按照客观规律办事。坚持实事求是不是一劳永逸的，在一个时间一个地点做到了实事求是，并不等于在另外的时间另外的地点也能做到实事求是，在一个时间一个地点坚持实事求是得出的结论、取得的经验，并不等于在变化了的另外的时间另外的地点也能够适用。我们要自觉坚定实事求是的信念、增强实事求是的本领，时时处处把实事求是牢记于心、付诸于行。""全党同志一定要把实事求是贯穿到各项工作中去，经常、广泛、深入开展调查研究，努力把真实情况掌握得更多一些、把客观规律认识得更透一些。"

调查研究是我们党的传家宝，毛泽东在1930年5月撰写的《调查工作》（后来改题目为《反对本本主义》）一文里提出了一个重要论断：没有调查，就没有发言权。可是很少有同志注意到，1931年4月毛泽东在另一篇文章《总政治部关于调查人口和土地状况的通知》里发展了这个思想，进一步提出：不做正确的调查，同样没有发言权。

为什么说不做正确的调查同样没有发言权？我们先看一个案例。1959年秋冬季节，为了了解农村人民公社的情况，中央布置各省区市进行了一次大规模的农村人民公社发展情况的调查，调查的材料由新华社汇集后以内部资料的形式编辑成《农村人民公社调查汇编》，于1960年5月下发各级党委作为指导人民公社工作的参鉴。今天我们重新翻阅这些材料时，会深深感到，这样一次全国范围的大规模的调查，得出的结论与实际情况显然有着巨大的差距。《汇编》包括了27个省区市的172篇调查报告，这里以安徽和河南两省为例来看看这次调查的情况。《汇编》中具体介绍了安徽省14个人民公社、河南省11个人民公社的典型材料，数量分别居各省区市的第一位和第三位（第二位是四川，有13个）。安徽省的14个公社分布在皖北的涡阳、宿县、萧县、阜阳，大别山区的金寨、岳西，长江沿岸的南陵、当涂、望江、巢县，皖中的来安、定远、桐城、寿县。河南省的11个公社分布在豫西的灵宝，豫东的商丘、民权，豫北的嵩县、新乡，豫南的鲁山、郏县，豫中的郑州、长葛。从地域上看，这些公社遍及全省各个不同区域，具有代表性，但从反映的内容看却是另一回事：《吃甘蔗节节甜，上楼梯步步高》《十万人的大公社》《高山飞出金凤凰》《黄泥岗上喜收双季稻》《谁说澎河水不能倒流》《红光万丈照白河》《公社花开幸福来》《人民公社力能回天》等，全部是歌颂人民公社优越性、带来的巨大变化和群众生活大大改善的。

这些调查材料，即使每一篇的记述都是真实的，也是个别的现象，而不是当时人民公社的普遍情况。农村的实际面貌是什么样的呢？我们以当时两个人口大省、农业大省安徽和河南为例。从《中国统计年鉴》《当代中国的安徽》《当代中国的河南》里查一下真实的数据，安徽省的情况是：1959年全省农业总产值23.06亿元，下降到1952年的水平。粮食总产量700万吨，比1958年减产185万吨。而当年征购量为350万吨，全省农村人均口粮只剩下100公斤，到1959年底，物资供应日益紧张，人民生活的困难局面表现得很明显。河南省的情况也差不多，1959年河南全省农业总产值只有35.55亿元，比1958年下降了8.9%。全年粮食产量为974.5万吨，比1958年减产290万吨，已经低于1951年的产量。棉花减产1861.5万公斤，比1958年下降了7.9%。大牲口减少了35.4万头，下降到了1949年的水平。这两个省份是这样，全国其他地区的情况也同样不乐观。据后来的统计，1959年全国粮食总产量比1958年减产15%，棉花减产13.2%，油料减产14%。粮棉油全面大幅减产导致了全国供应的失衡和人民群众生活的困难。这些困难在1959年的第四季度

命运之旗
——新时代理论创新与新征程使命任务

已经表现得比较突出。但这样的真实情况，在172篇调查报告里却一点也看不到。

为什么27个省区市的100多个调研组，都忽视、回避了实际上普遍存在的困难局面呢？为什么会出现如此令人困惑的情况？其根源在于，这是一次不实事求是、不正确的调查。这场调查活动，尽管规格高、规模大、范围广，看起来轰轰烈烈、热热闹闹，但恰恰是一个不正确调查的样本。

首先，这次调查的态度不端正，是昂首望天，而不是眼睛向下。这次调查活动的缘起，是党的八届八中全会对右倾的批判，全会要求全体党员"必须在反对右倾机会主义的斗争中站稳立场，划清思想界限"。全会认为，人民公社是"几亿农民的伟大社会运动，是农业生产大发展、农田水利建设大发展、农民要求扩大协作的社会主义觉悟大高涨的产物"，"迅速地走上了健全的、巩固的道路"。整个调查活动是从这样一个预设的、既定的政治判断出发，到现实中去找证据的过程，对于不符合这个判断的实际现象，自然就会忽视，甚至会加以曲解和美化。调查组更多的是考虑如何在调查中体现上级部门的意图，论证上级部门的既定判断，而不是倾听群众的呼声和意见，反映群众的真实意愿和要求。所有报告在结论上都与"发展、健全、巩固"这个主题高度一致。如果与此后不久刘少奇在湖南宁乡的调研、朱德在四川南充的调研、陈云在上海青浦的调研相比较，更可以看出其中的差别。这种昂首望天、不察实情的态度是调查工作的大忌。以这样的调查材料作为了解情况、作出判断和决策的依据，势必会南辕北辙。

其次，这次调查对象的选择存在人为的偏颇。中国有几万个人民公社，其中的情况必然有好的、一般的和差的。正确的选择应该

四　真正掌握看家本领

是从中选取不同的样本，这样才能全面反映全国的真实情况。只选好的，不选一般的和差的，得出的结论自然同实际有巨大的落差。即使在搞得好的地方，也要听取各方面的意见，找各种对象都谈谈，而不能只听好的，对于其中存在的缺点和问题不闻不问。毛泽东1930年在江西寻乌做调查时，选取的对象包括一部分中级干部、一部分下级干部、贫农和中农、开过赌场的穷秀才、做过商会会长的杂货店主、在知县衙门管过钱粮的小官吏、破落地主等等，基本上涵盖了当时寻乌农村的各个社会阶层，这样调查得到的材料才是比较真实的，据此得出的结论才是比较可靠的。

最后，这次调查活动在方法上没有抓住要点，没有抓住当时社会矛盾的主要方面。毛泽东曾经提出，调查研究要"详尽地占有材料，抓住要点。材料是要搜集得愈多愈好，但一定要抓住要点或特点"。从1959年秋冬的形势来说，人民公社作为我国农村一种新的政治经济社会一体化组织形式，在经过一年多的运行后究竟是否适合当时农村发展的实际，存在哪些需要改进的问题，是中央急需掌握的。因此调查的重点应放在存在的问题和不足上。成绩和经验需要总结，问题和不足更需要总结。因为问题若得不到及时发现就会造成严重后果。

1959年秋冬之际的这次调查形成的材料和得出的结论，在一段时间内对中央决策产生了一定的误导作用，拖延了解决"大跃进"问题的时机，使党、国家和人民付出了更大的代价。到1961年春天，问题已经暴露得非常严重时，中央不得不进行又一次全国层面的调查研究补课。这年3月23日，党中央就认真进行调查工作致信各中央局、各省区市党委，指出：近几年工作中出现的缺点错误，根本上是由于很多领导人员放松了调查研究工作，"满足于看纸上的报告，听口头的汇报，下去的时候也是走马观花，不求甚解，并且在一段时间内，根据一些不符合实际的或者片面性的材料作出一些判断和决定"。信中明确要求各级领导干部在调查中应采取客观态度，不应该抱定一种成见去专替自己找证据；应该发现事物的真相，不要为各种假象所蒙蔽；应该对调查材料作全面的综合和分析，不要满足于孤立的、片面的、看不到事物发展规律的观察。"不要怕听言之有物的不同意见，更不要怕实际检验推翻了已经作出的判断和决定。"

历史的经验教训说明，作任何决策，必须提倡认认真真地"做正确的调查研究"。否则，以"不正确的调查研究"结论为依据而作出的决策，不仅脱离实际，而且因其经过调查预设了立场和观点，实际上是以事先已有的主观认识框框去套客观实际。

习近平总书记指出，"调查研究是谋事之基、成事之道"，是做好各项工作的基本功。他曾多次强调"要在全党大兴调查研究之风"。2018年1月5日在新进中央委员会的委员、候补委员和省部级主要领导干部学习贯彻习近平新时代中国特色社会主义思想和党的十九大精神研讨班上，他严肃批评了不正确的调查研究的各种表现形式，指出："调查研究千万不能搞形式主义，不能搞浮光掠影、人到心不到的'蜻蜓点水'式调研，不能搞做指示多、虚心求教少的'钦差'式调研，不能搞调研自主性差、丧失主动权的'被调研'，不能搞到工作成绩突出的地方调研多、到情况复杂和矛盾突出的地方调研少的'嫌贫爱富'式调研，而是要拜人民为师、向人民学习，放下架子、扑下身子，接地气、通下情，既到工作局面好和先进的地方去总结经验，又到群众意见多的地方去，到工作做得差的地方去，到困难较多、情况复杂、矛盾尖锐的地方去调查研究，真正把功夫下到察实情、出实招、办实事、求实效上。"

深刻学习领会习近平总书记重要讲话精神、贯彻落实好党中央大兴调查研究的决策部署，就要不断提高做好正确调查研究的能力。

一是要从马克思主义世界观和方法论的高度，从党的思想路线和群众路线的层面，来深刻把握和认识调查研究的重要性。调查研究是马克思主义认识论和党的思想路线的内在要求。从党的历史看，什么时候全党重视调查研究，党和人民事业就顺利发展；什么时候轻视或忽视调查研究，党和人民事业就会遭到挫折、遭受损失。毛泽东为全党作出了重视和善于调查研究的榜样。作为《毛泽东选集》开卷篇的《中国社会各阶级的分析》，在调查研究基础上率先提出并回答了"谁是我们的敌人？谁是我们的朋友？"这一"革命的首要问题"。第二篇《湖南农民运动考察报告》，更是调查研究的经典之作，是毛泽东亲自做了32天的实地调查后才写成的。有过一个统计，当然还不完全，新民主主义革命时期，毛泽东开展的调查研究不下60次；从新中国成立到1976年他逝世，一共是27年，他到各地调研不下57次、约2851天，大约是8年时间，如果加上在北京听取汇报的调研，就是说，新中国成立后毛泽东有将近三分之一的时间都在做调查研究。习近平总书记同样是身体力行、率先垂范，为全党树立了重视调查研究的典范。党的十八大以来，习近平总书记聚焦重大战略、重大决策，深入基层、深入群众，调研的脚步走遍了祖国的大江南北。以扶贫工作为例，他先后7次主持召开中央扶贫工作座谈会，50多次调研扶贫工作，走遍了14个集中连片特困地区，最终带领全党全国各族人民打赢了脱贫攻坚战。构建新发展格局这一重大战略任务，也是在深入调查研究后提出来

命运之旗
——新时代理论创新与新征程使命任务

的。习近平总书记曾谈起新发展格局的提出过程:"我在浙江考察时发现,在疫情冲击下全球产业链供应链发生局部断裂,直接影响到我国国内经济循环。当地不少企业需要的国外原材料进不来、海外人员来不了、货物出不去,不得不停工停产。我感觉到,现在的形势已经很不一样了,大进大出的环境条件已经变化,必须根据新的形势提出引领发展的新思路。"在这次浙江考察返京后不久,2020年4月10日,他就在中央财经委员会第七次会议上提出,要"构建以国内大循环为主体、国内国际双循环相互促进的新发展格局"。可以说,新时代提出的一系列战略性举措,推进的一系列变革性实践,实现的一系列突破性进展,取得的一系列标志性成果,无不凝结着习近平总书记一次又一次带头调查研究付出的心血和获得的智慧。

二是调查研究必须坚持问题导向和目标导向。毛泽东曾形象地说:"调查就像'十月怀胎',解决问题就像'一朝分娩'。调查就是解决问题。""凡是忧愁没有办法的时候,就去调查研究,一经调查研究,办法就出来了,问题就解决了。"2014年习近平总书记同中央办公厅各单位班子成员和干部职工代表座谈的时候,提出的一个要求就是:"要围绕大局反映情况、报送信息,做'千里眼、顺风耳',把各方面新情况新问题、贯彻落实党中央方针政策的意见和建议、干部群众关注的热点焦点问题等及时收集上来,归纳综合,分析研判,第一时间报送党中央,为党中央科学决策提供重要依据。"他一直强调的工作方法是坚持问题导向,把解决实际问题作为调查研究的出发点和落脚点。当然,调查研究针对的问题,不能是泛泛的,而应有比较明确的指向。问题是时代的口号、时代的声音,每个时代总有属于它自己的问题。要有善于发现问题的火眼金睛。有时奔着问题去，不一定能发现问题，自己要做功课，提前熟悉情况，下去了要仔细观察，眼明心亮，否则下去了也不一定能看到真正的问题。1961年6月，陈云回到家乡上海青浦县的小蒸公社做调研。几个大的问题，都是他通过细致入微的观察，从小事上发现的。第一个，自留地问题。本来规定是可以给农民留自留地的，可是公社化后当地没有落实这个政策。有一天，陈云从村里走过，他发现，许多农家的门口都晾着已经碾过的麦秆。他很奇怪：碾过的麦秆为什么还要晒呢？陈云很是不解，于是他走进了一户人家，把自己的疑问说了出来。这位老农妇告诉他：这是生产队碾麦后，分给农民的。重新晾晒后，放在簸箕里搓，还是能搓下来许多麦粒。陈云很感兴趣，接着问道："这么搓，能搓下来多少麦子？"老农妇回答说："按照我这么搓，能搓下来不少呢，攒起来足足能有一斗。"陈云很惊讶，怎么有这么多？再进一步了解，终于有了答案：这是农民们故意在打麦场上不碾干净，借着给社员分草，然后再把麦秆分回到家里，这样能私下留一点口粮。陈云由此感叹道："我们不能多拿农民的东西，你要拿，他们总是有办法应付的。"结合这次的所见所闻，陈云又想到了自留地的问题：祖祖辈辈的农民，都要有点土地看着，心里才踏实。自留地，不仅仅是某一家的自留地，也是社会生产生活中必不可少的地。生产队只按计划生产的那几种作物是满足不了社员需要的。结论是各地要按中央规定留足自留地。第二个，母猪公养还是私养的问题。母猪因为具有再生产甚至扩大再生产的能力，所以不单是消费资料，而且具备了生产资料的属性，公社化后生产资料由集体管理，母猪也就由生产队建立养猪场负责饲养。陈云走访了公家的养猪场，看了一圈之后很生气。他发现，整个养猪场的环境非常差，猪圈里就垫了薄薄

命运之旗
——新时代理论创新与新征程使命任务

一层稻草，猪身上都是泥浆。公社干部在汇报的时候也抱怨："去年养猪场没挣到钱，还赔了好多，搞基建还投入了好多。"陈云了解公社化前后的对比，公社化之前，平均一头母猪一年产仔十四五头，公社化之后，一年只能产四五头，死亡率有的甚至高达百分之八九十。原因在哪里？陈云没有放过问题，而是追根究底。养猪场负责人不肯说实情，他就去询问有养猪经验的农民，才得知了真相：私人养猪，养好了挣钱，养不好亏本，所以非常细心，母猪爱吃什么，该吃什么，大家都很注意。公养之后好坏都拿一样的工分，没有这个责任心了，自然就不行了。陈云由此得出结论：要想养猪养得好，就得把母猪下放给农民私养。第三个，社队企业给不给自主权的问题。在小蒸公社的那段时间里，他住在公社党校二楼，每到傍晚，都能听到楼下街上的吆喝声，这是合作社商店在街上卖东西。有一天，吆喝的内容引起了陈云的注意。原来，店员们在街上卖的是棒冰，可吆喝的却是："棒冰，棒冰，两分钱一碗。"陈云感到奇怪，棒冰为什么不论根卖，却论碗卖呢？下去一看，棒冰真的是放在了碗里，按碗来卖。他去询问缘由，店员们给他解释说：这些棒冰都是本地生产的，过去是厂子直接送到商店卖给顾客，可以一根根卖。现在呢，厂子生产出来不能自己卖，要先运到县里送到国营商店的渠道，再用汽车或小船，运到各个乡镇里，乡镇再往村子的供销合作社和代销点分送，才能开始卖。这样一折腾，等运到了代销点，棒冰就化成棒冰水了，只能拿碗卖。陈云听完，立刻明白过来。当时，生产和供销是两条线，生产的东西不能直接卖给消费者，要按照计划分配给供销部门，供销部门再一层层分下去，当时的冷链运输技术又不发达，到了基层，能不化吗？所以，一些民生相关的消费品，还是要给地方社队企业一点销售的自主权。没有这样的火眼金睛，下去调研也发现不了问题，更谈不上问题导向，往往只能流于形式。

　　三是调查研究要深入，要听真话，察实情。知屋漏者在宇下，知政失者在草野。开展调查研究就是拜人民为师，向能者求教，向智者问策，吸纳人民群众的真知灼见，从人民群众的实践中找到解决矛盾问题的"金钥匙"。这里最关键的是听到真话。在福建长汀，有一口古井，旁边的石碑上镌刻的是"毛主席最牵挂的古井"。为什么挂这个牌子？这里有一段历史。1962年1月的一天，福建省委书记叶飞正在北京参加"七千人大会"，毛泽东偶然遇到了他，就问他："长汀的那口老古井，现在还有没有水？"叶飞一下子被问住了，因为他没有到过长汀，不知道什么老古井的情况。毛泽东为什么惦念这口老古井？因为他有着一段特殊的记忆。1932年冬天，毛泽东从江西来到长汀治病疗养，住在福音医院休养所。休养所旁边，有一口汀州城最古老的井，人们都把它称为"老古井"。每天清晨，毛泽东就蹲在井旁和当地取水的群众聊天谈话，听他们对苏维埃政府的意见，时间长了，群众把他看作朋友，就把心中的真实看法说出来。在一次次的井边漫谈中，他了解到当地一些干部不顾群众生活的情况，群众没有柴烧，没有盐买，没有房子住，米价太贵等等，这些问题促使他思考，党怎样才能得到群众真心实意的拥戴。《毛泽东选集》中《关心群众生活，注意工作方法》一文就是井边调研的成果。几十年后，毛泽东依然牵挂着那口老井，牵挂的背后，体现的是共产党人的成事之基、谋事之道。我们常说，走马观花不如下马看花，下马看花不如自己种花，讲的就是调查研究要深入。有的调研前呼后拥，陪同的人比调研的多几倍，群众怎么敢说真话？有的坐在汽车里，一天跑几个县，这样的调研，不能说一

命运之旗
——新时代理论创新与新征程使命任务

点作用没有,总还是能看庄稼长势大致的样子,但也仅限于此,还是浮在面上。有的提前布置好,听的看的都是想听的想看的。还有的到了下面群众还没说话,他自己倒哇啦哇啦发表了很多"高见"。这种表演式的调研,意义何在?所以,我们一定要记住:调查研究"没有满腔的热忱,没有眼睛向下的决心,没有求知的渴望,没有放下臭架子、甘当小学生的精神,是一定不能做,也一定做不好的"。要深入,就要"不耻下问",善于倾听。1961年4月10日,为解决"一平二调"、公共食堂等群众关心的焦点问题,时任国务院副总理兼秘书长的习仲勋率领中央河南调查组到长葛县蹲点调研。调研期间,习仲勋总是利用傍晚散步的机会,或在田间地头和社员们交谈,或到农民家中走访。他走访了长葛的许多地方,每到一处,不是随手拉个小凳子或拿个小木墩坐下,就是很随意地坐在砖头或石板上和群众交谈。习仲勋提醒两位国务院副秘书长,"不要让保卫人员老是尾随紧跟,机关放电影,要和同志们一起看,不要事事和群众划界隔离,不然闹得自己心情也不畅快"。1978年7月,习仲勋刚到广东工作不久,到宝安就偷渡逃港问题进行调研,其间安排了一次和19名基层支部书记的座谈对话。当时很多支书的发言很冲、很逆耳,但说的是大实话,习仲勋不仅很认真地听,而且在这次火药味颇浓的座谈会结束时,对这些支书说:"大家谈心,交心,你们怎么想,怎么做的,你就怎么说,坦诚相见,就好。这样使我听了以后,了解到了很多情况,也学习了很多东西。现在搞成这个样子,偷渡到了这么严重的情况,同志们都没有责任,主要责任还是我们,我们不能回避这个责任。"深入调研要注意,有时候眼见也不一定为实。有一年,笔者到某省出差,因为天气不好,耽搁了10多天,每天晚上就看新闻看得很细,看到一位领导到当地一个先进典型村去考察，农民口才很好，政策语言也运用得很熟练，先夸谁，后夸谁，顺序一点不乱，表情动作都很到位。笔者向接待的同志感叹，这里的农民素质真高。他笑着自嘲，有的典型地方，会专门培训一些人，用来接待各级考察调研，可以叫"考察专业户"。调研如果遇到"考察专业户"，你能听到多少真话呢？说真话难，听到真话也不容易。

四是调查研究应当有的放矢，才能事半功倍。调查若无主题，犹如瞎子捉鱼、盲人摸象，随便到一个地方去乱抓一把，粗枝大叶，漫无边际，不但不能取得效果，反而会浪费人力物力。主题应该集中，抓主要矛盾，而不是说事无巨细都要搞个一清二楚。10件事情，你花了很大力气搞清楚了9件，可是这9件都是比较次要的，唯独主要的那一件没有搞清楚，那就还是没有发言权。调查要与研究紧密结合，就必须将丰富的调研材料加以去粗取精、去伪存真、由此及彼、由表及里，从感性认识跃进到理性认识。衡量调查研究搞得好不好，不是看调查研究的规模有多大、时间有多长，也不是光看研究报告写得怎么样，关键要看成果的运用，看能不能把问题解决好。如果调查做完了，研究不及时或者不充分，调查的成果也只是半成品甚至会变成废品。特别是有些问题，讲究时机效果。抓住了时机，调研成果就可以发挥作用。如果延误了时间，错过了时机，本可以解决问题的调研成果与当前的实际情况出现偏差，便成了无用之功。毛泽东在《改造我们的学习》中，对实事求是作了经典阐述："'实事'就是客观存在着的一切事物，'是'就是客观事物的内部联系，即规律性，'求'就是我们去研究。"没有调查而进行的研究是缘木求鱼，离开研究进行的调查是问道于盲。下去装了一兜子材料，回来汇报一下了事，就好比厨师把菜买回来往厨房一

命运之旗
——新时代理论创新与新征程使命任务

丢不管了，怎么能做出色香味俱全的宴席呢？

新时代国内外形势复杂多变，新情况、新问题层出不穷，新做法、新经验不断涌现，调查研究作为掌握实际、解决难题的基本功，我们一定要学习好、掌握好、运用好。

3. 深化对党的理论创新规律性的认识

2023年6月30日习近平总书记在主持二十届中央政治局第六次集体学习时强调，开辟马克思主义中国化时代化新境界的重大任务，是当代中国共产党人的庄严历史责任。他提出，必须不断深化对党的理论创新的规律性认识。为什么突出强调深化对党的理论创新的规律性认识？是因为我们现在面临的建设社会主义现代化国家的任务十分艰巨，面对的国内外形势十分复杂，需要全党积极地、主动地、全面地推进党的理论创新，只有认识和掌握了理论创新的规律，才能避免理论创新的盲目性，增强理论创新的科学性。

重视总结历史规律在中国有悠久的传统。汉高祖刘邦只上过几年私塾，文化水平不高，但他却有着很高的政治智慧。打败项羽夺得天下后，他并没有被胜利冲昏头脑，而是要求太中大夫陆贾"试为我著秦所以失天下，吾所以得之者何，及古成败之国"，就是要求陆贾帮助总结秦朝失去天下、自己取得天下、古代国家的成败得失中蕴含着哪些规律性的东西。陆贾撰写了12篇论文，合编为《新语》一书，成为我国古代较早一部比较系统地总结执政规律的政治著作。

我们经常讲，学习党的历史，要把握党的历史的主题和主线。

四　真正掌握看家本领

这个主线是什么呢？习近平总书记指出："我们党的历史，是一部推进马克思主义中国化、不断丰富和发展马克思主义的历史，也是一部运用马克思主义理论认识和改造中国的历史。"坚持、丰富、发展、运用马克思主义，就是党的历史的主线，也就是说，党的历史的主线就是理论创新史。

沿着这个主线，回望党的理论创新的历史，从中提炼出每一次重大理论创新的共性，就是理论创新的规律。这可以从五个角度简要归纳。

第一个角度，坚持马克思主义基本原理和中华优秀文化传统，这是理论创新的基础和前提。习近平总书记指出，马克思主义中国化时代化这个重大命题本身就决定，我们决不能抛弃马克思主义这个魂脉，决不能抛弃中华优秀传统文化这个根脉。坚守好这个魂和根，是理论创新的基础和前提。

推进理论创新，首先要解决的是如何对待已有的理论成果，即如何对待马克思主义，如何对待中国自己的优秀文化传统。马克思主义是马克思恩格斯立足于自己的时代，在批判吸收人类优秀文明成果的基础上创立的。我们读马克思的著作，可以看到他对古希腊神话人物普罗米修斯十分推崇。普罗米修斯是谁？他是古希腊神话中的一个人物，他从太阳神阿波罗处偷走天火，将光明播撒至人间，人间从此有了光明，不再是黑暗一片。马克思也是这样一位"盗火者"，他从被各种表象掩盖的社会关系中，发现了人类历史的发展规律，发现了剩余价值，发现了资本主义的秘密，创立了科学社会主义理论体系。习近平总书记在纪念马克思诞辰200周年大会讲话中说，马克思主义犹如壮丽的日出，照亮了人类探索历史规律和寻求自身解放的道路。作为人类思想史上"最壮丽的日出"，马

命运之旗
——新时代理论创新与新征程使命任务

克思主义一经诞生,就照亮了人类探索历史规律和寻求自身解放的道路,成为指导无产阶级发现真理、追求真理、实践真理的强大思想武器。

理论创新必须讲新话,但是不能丢了"老祖宗",数典忘祖就等于割断了魂脉和根脉,最终会犯失去魂脉和根脉的颠覆性错误。我们必须坚持马克思主义这个立党立国、兴党兴国之本不动摇,坚持植根本国、本民族历史文化沃土发展马克思主义不停步,坚定历史自信、文化自信。

第二个角度,科学回答时代课题,这是理论创新的动力。时代是思想之母,实践是理论之源。用以观察时代、把握时代、引领时代的科学理论,必须反映时代的声音,绝不能脱离所在时代的实践,必须不断总结实践经验,将其凝结成时代的思想精华,及时科学解答时代新课题,时代课题是理论创新的驱动力。

我们推进理论创新是实践基础上的理论创新,而不是坐在象牙塔内的空想,必须坚持在实践中发现真理、发展真理,用实践来实现真理、检验真理。党成立之初,确实没有认识到这一点,我们是诚心诚意地学习模仿苏联,走俄国人的路。那时候苏共也确实是通过共产国际手把手地指导我们,1923年到1927年的5年时间里,苏共中央政治局研究中国革命问题的会议就开了122次,通过关于中国问题的文件738个,指导得够具体细致了,但结果却是大革命的失败。根本原因是,共产国际和苏共是按照苏联革命的经验来指导我们的,没有充分考虑中国的实际问题。共产国际代表维经斯基1930年在《中国问题》杂志上撰文总结教训时就曾公开承认:"我们的错误的表现之一是对农民在革命中的作用估计不足,而对资产阶级革命性估计过高。"这种估计错误带来的政策上的错误就是重视国民党，轻视共产党。鲍罗廷于1926年1月在《中央执行委员会上欢宴第二次代表大会之演词》中指出"国民党是唯一救中国的党"，把中国革命的全部希望寄托于国民党，对国民党右派势力的进攻步步退让，这是导致失败的主要原因。遵义会议之后的新民主主义革命斗争中，我们党基本上没有出现大的失误，原因就在于每一个重要关头，党对于时代需要什么、人民需要什么都作出了精确的判断，作出了正确的决策。到了全面建设社会主义时期，为什么会出现"左"的错误？原因也在于搞错了时代提出的课题。在一个经济文化落后的国家建设社会主义，是坚持以经济建设为中心，还是以阶级斗争为纲？在这个问题上出现了理论和实践的错误。改革开放以后，我们果断停止以阶级斗争为纲，坚定不移以经济建设为中心，创造了40多年经济持续快速增长的奇迹。

在"两个大局"加速演进并深度互动的时代背景下，我国改革发展稳定、内政外交国防、治党治国治军等各个领域都面临着一系列新的重大课题，中国之问、世界之问、人民之问、时代之问给我们提出的新考题比过去更复杂、更难，迫切需要我们从理论与实践的结合上提交答案。这就要求我们以更宽广的视野、更长远的眼光，认清我国社会发展、人类社会发展的大逻辑、大趋势，把握中国式现代化的历史沿革和实践要求，在新一轮科技变革、全球经济发展大格局和我国发展的阶段性特征中深化对推动高质量发展、贯彻新发展理念、构建新发展格局的规律性认识，在世界马克思主义政党命运比较和我们党长期执政面临的现实考验中深化对党的自我革命战略思想的规律性认识，全面系统地提出解决现实问题的科学理念、有效对策，让当代中国马克思主义、21世纪马克思主义展现出更为强大、更有说服力的真理力量。

命运之旗
——新时代理论创新与新征程使命任务

回答好当今时代的重大课题，很重要的一点是要及时：及时把握中国具体实际发展变化的阶段性特点，及时总结新的实践中的新鲜经验。社会发展前进总是有一个从量变到质变、又从质变到新的量变的螺旋式上升的过程，在每一个不同时期都会呈现出相应的阶段性特征。这就要求我们对"中国具体实际"进行动态研究，准确把握我国社会的"变"与"不变"的辩证法。"中国具体实际"可以用一句话来概括，就是发展中的国情，建设中的现代化。这可以从几个层面来分析，第一层面是不能变也变不了的，核心是两条——中国共产党的领导和中国特色社会主义制度；第二层面是较长时期（几十年）保持相对稳定不变的，核心也是两条——长期处于社会主义初级阶段和新时代社会主要矛盾；第三层面是变化比较快、不断呈现阶段性特征的，主要是三条——人口多、底子薄、发展不平衡。比如，人口多这一条，单从总量看，"多"这一点没变，但内在要素40多年来已经有了相当大的变化，一是人口增长率的巨降，2022年全国人口自改革开放以来首次出现负增长，这是一个暂时性的例外，还是一个长期趋势，很值得注意。二是劳动人口连续多年下降，老龄人口逐年增长，单纯依靠劳动力增长的"人口红利"不复存在，养老支出压力越来越大。再比如，"底子薄"这一条，改革开放起步时，我们的底子确实很薄，国家积累和人民积蓄都很有限。但经过40多年改革开放，2022年我国国内生产总值突破18万亿美元，占世界经济的比重达到18.5%，稳居全球第二大经济体，人均GDP达到1.27万美元，居民财富总量接近700万亿人民币，也稳居世界第二位，这样的情况不能简单地再说"底子薄"，而是要具体分析"薄"在哪里，主要是科技基础底子不厚，被"卡脖子"的领域还有不少。在人均受教育程度上，世界上的排名，目前能找到的是2020年的数据，第77位塞舌尔是10年，第78位伯利兹是9.9年。我国人口中，15岁及以上人口的平均受教育年限9.91年，介于塞舌尔和伯利兹之间；大专及以上文化程度的人口为2.18亿人，高中文化程度的人口为2.13亿人，而初中文化程度的人口为4.87亿人，小学文化程度的人口为3.49亿人，与发达国家差距较大。党的二十大正是针对基本国情的新特征和现代化建设的新要求，突出强调高质量发展，强调加快建设教育强国、科技强国、人才强国，强调"必须坚持科技是第一生产力、人才是第一资源、创新是第一动力，深入实施科教兴国战略、人才强国战略、创新驱动发展战略，开辟发展新领域新赛道，不断塑造发展新动能新优势"。当代中国正经历着我国历史上最为广泛而深刻的社会变革，也正在进行着人类历史上最为宏大而独特的实践创新。这种前无古人的伟大实践，提出了更加迫切的探寻攻坚克难、应对风险、突破难题的路径和方法的理论需要。回答这些实践和时代课题，必须尽快，不能等，不能拖，一万年太久，只争朝夕。现在经济科技社会发展的速度大大加快，最近100年的科技成果超过了人类此前全部科技成果的总和。我们老说用几十年走完了西方几百年走过的发展道路，这主要是指工业化，就理论创新而言，我们同样需要跟上实践发展的步伐。

及时总结，及时进行理论概括和升华，可以避免走弯路，可以少付出代价，也就是降低试错的成本。比如，我们在对外开放中如何对待外国资本，怎么对待借外债？1977年党的十一大后，特别是1978年，借外债成了热门话题，不少人到国外走一趟，回国后到处吹风，上面也往下吹风，要引进多少多少亿，上马多少多少个大项目，似乎可以借来一个现代化。被耽误了那么多年，希望发展得快一点,这种心情是可以理解的。但这些同志只看到外国的情况,没有看到本国的实际,对该如何正确对待外资缺少深入思考。最早指出这个问题的是陈云,他很敏锐,1979年就发现了,3月14日,陈云和李先念联名写信给中央,其中提出:"借外债必须充分考虑还本付息的支付能力,考虑国内投资能力,做到基本上循序进行。"3月21日,陈云在中央政治局会议上再次谈到外债问题,说:"借外国人那么多钱,究竟靠得住靠不住?旧社会,我在上海呆过,钱庄、银行贷款,要经过好多调查,确有偿还能力,才借给你。外国商人说借钱给你,有真有假,这件事也不要看得太简单。""可以向外国借款,中央下这个决心很对,但是一下子借那么多,办不到。有些同志只看到外国的情况,没有看到本国的实际。我们的工业基础不如它们,技术力量不如它们。""只看到可以借款,只看到别的国家发展快,没有看到本国的情况,这是缺点。不按比例,靠多借外债,靠不住。"半年后,陈云在国务院财经委员会召开的汇报会上再次就借外债进行了分析,指出:"现在谁也不反对借外债,但对所借外债要加以分别。基本上说,只有两种外债:第一种是买方贷款,就是外国卖机器设备给我们,可以几年或允许更长时间偿还。这种贷款实际上只卖给我们机器设备,不是借给我们自由外汇。第二种是自由外汇贷款,这一种贷款数量很少,现在只借到四十四亿美元。""利用外资来进行建设,我们的经验还很少,需要认真加以研究。"陈云的上述建议,有几层意思:一是可以借外债,以补国内资金不足;二是要考虑偿还能力;三是要考虑配套能力即消化能力;四是区别对待买方贷款和自由外汇贷款。他之所以在半年多时间里反复强调这个问题,是因为当时存在着一股"借钱"的风潮。改革开放刚刚起步,大家都没有经验,一些人出国访问、考察，国外的一些政府、企业纷纷许诺可以借钱给中国，有的国家，一个州长就许诺可以借几十亿、上百亿，这不是天方夜谭吗？在西方的制度框架下，钱是掌握在议会手中的，政府哪里有那么多的闲钱呢！当时西方国家确实有一些剩余资本在寻找投资机会，中国实行改革开放，也进入了他们选择的视野，但资本家不是慈善家，是逐利的，是要高额回报的。陈云的建议得到了邓小平的重视和赞成。1979年10月4日，邓小平在中央召开的省、自治区、直辖市第一书记会议上说："我赞成陈云同志那个分析，外资是两种，一种叫自由外汇，一种叫设备贷款。不管哪一种，我们都要利用，因为这个机会太难得了，这个条件不用太可惜了。""问题是怎样善于使用，怎样使每个项目都能够比较快地见效，包括解决好偿付能力问题。""我们引进每一个项目都要做到必须具有偿付能力。可以先干两件事再说。陈云同志的意见是一个项目一个项目地研究，我赞成这个意见，应该这样来研究。"

中国领导人的清醒认识，对于中国整个外资引进起到了拨正方向的作用。在其后的实际工作中，中国在借债方面，一直坚持态度积极、措施稳健的方针，既利用了国际资本发展自己，又防止了国际资本对中国经济的掌控。作为对比，我们可以看一看东欧的情况。20世纪70年代后，东欧社会主义国家也进行经济改革，但他们急于求成，从西方国家大量借钱，比如南斯拉夫1981年外债达201亿美元，人均900美元；波兰1980年外债达240亿美元，人均680美元；匈牙利1988年外债达180亿美元，人均1800美元。借了这么多钱，国内实际上消化不了，形不成有效生产能力，还本付息都成了问题。债台高筑的结果是本币贬值与物价飞涨的恶性循环，经济形势不断恶化，人民生活日益困难，各种形式的抗议此起彼伏，终

命运之旗
——新时代理论创新与新征程使命任务

于引发严重的社会和政治后果。1980年7月底,波兰政府作出了关于冻结工资和食品涨价的决定,格但斯克列宁造船厂的工人因不满政府宣布涨价和厂方限制工人工资而举行了罢工,从而引发全国工人规模空前的大罢工,导致政治、经济危机的总爆发。如果与这些国家比较,我们应庆幸我们的领导人处理这一类问题的及时和睿智。如果不及时,到债台高筑再醒悟,就为时已晚,积重难返了。即便能解决,也要付出极大的代价。

我们现在有没有条件加快理论创新的步伐呢?是有的。理由有两个,一是作为成熟的马克思主义政党,进行理论创新的自觉性大大提高了,不再是被动地回答问题,而是主动寻找发现问题,这种主动性提高了理论创新的效率。二是我们的理论积累越来越丰厚,经验积累越来越丰厚,为理论创新提供了更高的起点。

第三个角度,尊重人民群众的伟大实践,这是理论创新的源泉。习近平总书记指出:"党的理论是来自人民、为了人民、造福人民的理论,人民的创造性实践是理论创新的不竭源泉。"马克思主义是为人民立言、为人民代言的理论,是为改变人民命运而创立、在人民求解放求幸福的实践中丰富和发展的,人民的创造性实践是马克思主义理论创新的不竭源泉。人民作为历史的创造者,不仅是物质财富的创造者,也是精神财富的创造者。马克思主义中国化时代化成果,都是党和人民实践经验和集体智慧的结晶。无论是毛泽东思想、中国特色社会主义理论体系,还是习近平新时代中国特色社会主义思想,无不源自人民的智慧、人民的探索、人民的创造。

继续推进党的理论创新必须走好群众路线,决不能闭门造车、坐而论道、流于空想。要尊重人民首创精神,注重从人民的创造性实践中总结新鲜经验,上升为理性认识,提炼出新的理论成果,着

四　真正掌握看家本领

力让党的创新理论深入亿万人民心中，成为接地气、聚民智、顺民意、得民心的理论。

第四个角度，领袖人物的勇气和智慧，这是理论创新的关键。对无产阶级政党的理论创新来说，领袖人物的历史作用是其他人物所无法比拟的。列宁指出："历史上，任何一个阶级，如果不推举出自己的善于组织运动和领导运动的政治领袖和先进代表，就不可能取得统治地位。"领袖不仅是掌舵人，更是领航人，他们最善于把马克思主义的基本原理同自己所处的时代和实践要求结合起来，最有远见，能够提出正确的路线方针和政策，能够在历史关键时刻和转折关头发挥一锤定音、扭转乾坤的作用。在理论创新中，就如俄国诗人普希金所说："天才用一个观点就可揭示一个真理。"

回顾我们党的历史可以看到，在每一个需要产生伟大领袖的关头，都有这样的历史伟人应运而生。党成立后，在一个半殖民地半封建的东方大国进行革命，面对的特殊国情是农民占人口的绝大多数，落后分散的小农经济、小生产及其社会影响根深蒂固，又遭受着西方列强的侵略和压迫，经济文化十分落后，选择一条什么样的道路才能把中国革命引向胜利成为首要问题，也是马克思主义发展史上前所未有的难题。破解这个难题的是毛泽东。从革命斗争的种种失误教训中，毛泽东深刻认识到，面对中国的特殊国情，不能以教条主义的观点对待马克思列宁主义，必须从中国实际出发，实现马克思主义中国化。他深刻分析中国社会形态和阶级状况，经过不懈探索，弄清了中国革命的性质、对象、任务、动力，提出通过新民主主义革命走向社会主义的"两步走"战略，制定了新民主主义革命总路线，开辟了以农村包围城市、最后夺取全国胜利的革命道路。毛泽东创造性地解决了在中国这种特殊的社会历史条件下建设

命运之旗
——新时代理论创新与新征程使命任务

马克思主义政党的一系列重大问题,把党建设成为用科学理论和革命精神武装起来的、同人民群众有着血肉联系的、思想上政治上组织上完全巩固的马克思主义政党。毛泽东创造性地解决了缔造一个在党的绝对领导下的人民武装力量的一系列重大问题,建成一支具有一往无前精神、能压倒一切敌人而决不向敌人屈服的新型人民军队。毛泽东创造性地解决了团结全民族最大多数人共同奋斗的革命统一战线的一系列重大问题,为党和人民事业凝聚了一支最广大的同盟军。毛泽东带领我们党创造性地提出和实施了一系列正确的战略策略,及时解决了中国革命进程中一道道极为复杂的难题,引导中国革命航船不断乘风破浪前进。邓小平曾说:"如果没有毛主席,至少我们中国人民还要在黑暗中摸索更长的时间。""如果没有毛泽东同志的卓越领导,中国革命有极大的可能到现在还没有胜利,那样,中国各族人民就还处在帝国主义、封建主义、官僚资本主义的反动统治之下,我们党就还在黑暗中苦斗。所以说,没有毛主席就没有新中国,这丝毫不是什么夸张。"

"文化大革命"结束后,怎样从长期的极左路线的阴影中走出来,怎样从对社会主义的僵化的认识中走出来,怎样从长期封闭的困境中走出来,"中国向何处去"成为摆在中国人民面前头等重要的问题。邓小平以他的远见卓识、丰富政治经验、高超领导艺术,强调实事求是是毛泽东思想的精髓,旗帜鲜明反对"两个凡是"的错误观点,支持和领导开展真理标准问题的讨论,推动进行各方面的拨乱反正。在邓小平指导下,党的十一届三中全会重新确立了解放思想、实事求是的思想路线,确定把全党工作的着重点转移到社会主义现代化建设上来,作出实行改革开放的重大决策,实现了党的历史上具有深远意义的伟大转折。邓小平站在时代要求、国家发展、人民期待的高度，系统总结新中国成立以来的历史经验，紧紧抓住"什么是社会主义、怎样建设社会主义"这个基本问题，提出"走自己的道路，建设有中国特色的社会主义"的伟大号召，领导我们党在新中国成立以来革命和建设实践的基础上，成功走出了一条中国特色社会主义新道路。邓小平领导制定了党在社会主义初级阶段的基本路线，正确认识我国所处的发展阶段和根本任务，制定了现代化建设"三步走"发展战略，领导有步骤地展开各方面体制改革，勇敢打开对外开放的大门，提出和平与发展是当代世界的两大问题，及时调整各方面政策，为改革开放和社会主义现代化建设创造了难得历史机遇和良好外部环境，提出加强党的领导必须改善党的领导，必须聚精会神抓党的建设，使党的建设充满新的生机活力。正是这些重大思想理论创新，推动20世纪的中国又一次发生天翻地覆的变化。习近平总书记深刻指出："正是由于有邓小平同志的卓越领导，正是由于有邓小平同志大力倡导和全力推进的改革开放，中国特色社会主义才能欣欣向荣，中国人民才能过上小康生活，中华民族和中华人民共和国才能以新的姿态屹立于世界东方。""邓小平同志的贡献，不仅改变了中国人民的历史命运，而且改变了世界的历史进程。"

进入新时代，面对中华民族伟大复兴战略全局和世界百年未有之大变局，面对一系列长期积累及新出现的突出矛盾和问题，面对一系列影响党长期执政、国家长治久安、人民幸福安康的突出矛盾和问题，怎样才能审时度势、果敢抉择，锐意进取、攻坚克难？习近平总书记以马克思主义政治家、思想家、战略家的非凡理论水平、伟大历史主动精神、巨大政治勇气、卓越政治智慧、强烈使命担当和不负人民的赤子情怀，担负起历史和时代赋予的重任，实现了马克思主义中国化新的飞跃。党的十九届六中全会通过的《中共中央关于党的百年奋斗重大成就和历史经验的决议》对习近平总书记在推动新时代中国特色社会主义思想实现马克思主义中国化时代化新飞跃中的重要作用作了精辟总结,指出:"习近平同志对关系新时代党和国家事业发展的一系列重大理论和实践问题进行了深邃思考和科学判断,就新时代坚持和发展什么样的中国特色社会主义、怎样坚持和发展中国特色社会主义,建设什么样的社会主义现代化强国、怎样建设社会主义现代化强国,建设什么样的长期执政的马克思主义政党、怎样建设长期执政的马克思主义政党等重大时代课题,提出一系列原创性的治国理政新理念新思想新战略,是习近平新时代中国特色社会主义思想的主要创立者。习近平新时代中国特色社会主义思想是当代中国马克思主义、二十一世纪马克思主义,是中华文化和中国精神的时代精华,实现了马克思主义中国化新的飞跃。""党确立习近平同志党中央的核心、全党的核心地位,确立习近平新时代中国特色社会主义思想的指导地位,反映了全党全军全国各族人民共同心愿,对新时代党和国家事业发展、对推进中华民族伟大复兴历史进程具有决定性意义。"这个总结高度肯定了习近平总书记在创立新时代中国特色社会主义思想过程中发挥的决定性作用,作出的决定性贡献。这种决定性作用和决定性贡献体现在对经济、政治、法治、科技、文化、教育、民生、民族、宗教、社会、生态文明、国家安全、国防和军队、"一国两制"和祖国统一、统一战线、外交、党的建设等方面提出的战略思想和创新理念、作出的理论分析和政策指导上,体现在改革发展稳定、内政外交国防、治党治国治军的各领域各方面各环节上,体现在出台一系列重大方针政策,推出一系列重大举措,推进一系列重大工作,战胜一系列重大风险挑战上，贯穿到治国理政全部活动之中。正因为有了这个决定性作用、决定性贡献，我们才能经受住来自政治、经济、意识形态、自然界等各方面的风险挑战考验，党和国家事业才能取得历史性成就、发生历史性变革，我国才能顺利全面建成小康社会，迈上全面建设社会主义现代化国家新征程。

第五个角度，不断推进体系化和学理化，这是理论创新的内在要求和重要途径。列宁指出："判断历史的功绩，不是根据历史活动家没有提供现代所要求的东西，而是根据他们比他们的前辈提供了新的东西。"一个理论体系，从萌芽到成熟，总是有一个循序渐进的过程，毛泽东思想是这样，中国特色社会主义理论体系是这样，习近平新时代中国特色社会主义思想也是这样。从习近平新时代中国特色社会主义思想体系化和学理化的维度看，其科学体系包括五个方面的要素：第一，这一理论体系具有特定的研究对象，就是中国特色社会主义进入新时代后面对的一系列重大时代课题；第二，这一理论体系具有一整套独特的基本范畴和基本原理，提出一系列原创性的核心观点，构成了体系严密、逻辑自洽的科学体系，即"十个明确""十四个坚持""十三个方面成就"等；第三，这一理论体系具有扎根本国实际的深厚历史文化底蕴；第四，这一理论体系具有广阔的世界眼光，在世界大局和时代潮流中把握中国发展前进的方向、促进各国共同发展繁荣；第五，这一理论体系建立在马克思主义科学世界观、方法论基础之上，形成了以"六个必须坚持"为主要内容的立场、观点和方法。当然，这一思想还在发展中，今后必将会有更丰富的内涵、更深刻的哲理、更凝练的表达。

习近平总书记指出："拥有马克思主义科学理论指导是我们党

命运之旗
——新时代理论创新与新征程使命任务

坚定信仰信念、把握历史主动的根本所在。"越是接近胜利终点，越不会一帆风顺。一个大国在崛起的过程中，最危险的时候是"将强未强"的那一段，各种势力都来打压，扛过去了，量变转化为质变；扛不过去，往往会长期徘徊停滞甚至倒退瓦解。这个世界上希望我们好的国家很多，盼着我们出问题、等着看我们笑话的，甚至等着落井下石的国家也不少。我们要更高更稳地举起习近平新时代中国特色社会主义思想旗帜，真正掌握习近平新时代中国特色社会主义思想的世界观和方法论，掌握蕴含其中的立场、观点、方法，做到理论上清醒，政治上坚定，不断深化对党的理论创新的规律性认识，不断开辟马克思主义中国化时代化新境界。

五

回答世界之问：
"世界向何处去、人类怎么办"

五　回答世界之问:"世界向何处去、人类怎么办"

2017年1月18日,国家主席习近平在联合国日内瓦总部的演讲中,提出了振聋发聩的世界之问:"当今世界充满不确定性,人们对未来既寄予期待又感到困惑。世界怎么了、我们怎么办?这是整个世界都在思考的问题,也是我一直在思考的问题。"他回顾了100多年来人类取得的发展进步、遭受的劫难、最殷切的诉求,指出:"这一百多年全人类的共同愿望,就是和平与发展。然而,这项任务至今远远没有完成。我们要顺应人民呼声,接过历史接力棒,继续在和平与发展的马拉松跑道上奋勇向前。""让和平的薪火代代相传,让发展的动力源源不断,让文明的光芒熠熠生辉,是各国人民的期待,也是我们这一代政治家应有的担当。"

实际上,很多世界级的政治家都在思考着类似的问题。比如,美国前国务卿基辛格2014年出版了《世界秩序》一书,他在书中提出:"重建国际体系是对我们这个时代政治家才能的终极挑战。"但他主要还是站在美国而不是全人类的立场看待这个挑战,认为"除了美国,没有其他大国能把改善人类境遇作为战略目标之一"。显然,这个观点表明他对中国共产党的使命了解不够,或者不相信中国共产党的使命是真实的。中国共产党是为中国人民谋幸福的政党,也是为人类进步事业奋斗的政党。无论国际风云如何变幻,中国共产党始终秉持和平、发展、公平、正义、民主、自由的全人类共同价值,始终弘扬国际主义精神,始终站在历史正确的一边,站在人类进步的一边,为世界和平发展作出贡献。这难道不是把"改善人类境遇"作为自己的战略目标吗?

命运之旗
——新时代理论创新与新征程使命任务

在日内瓦的演讲中,对这个世界之问,习近平总书记给出了中国答案:构建人类命运共同体,实现共赢共享。

1. 构建人类命运共同体的理念和主张

2013年3月,习近平主席在俄罗斯莫斯科国际关系学院的演讲中,首次提出了"人类命运共同体"这一理念,他指出:"这个世界,各国相互联系、相互依存的程度空前加深,人类生活在同一个地球村里,生活在历史和现实交汇的同一个时空里,越来越成为你中有我、我中有你的命运共同体。"

人类命运共同体,顾名思义,就是世界上每个民族、每个国家的前途命运都紧紧联系在一起,在全球性危机的惊涛骇浪里,世界各国不是乘坐在190多条小船上,而是乘坐在一条命运与共的大船上,应该风雨同舟,荣辱与共,努力把我们生于斯、长于斯的这个星球建成一个和睦的大家庭,把世界各国人民对美好生活的向往变成现实。

习近平主席回答世界之问的逻辑起点,是对近代以来人类历史的深邃思考和对世界百年未有之大变局的深刻洞察。对近代以来的人类历史,他强调:"回首最近一百多年的历史,人类经历了血腥的热战、冰冷的冷战,也取得了惊人的发展、巨大的进步。上世纪上半叶以前,人类遭受了两次世界大战的劫难,那一代人最迫切的愿望,就是免于战争、缔造和平。上世纪五六十年代,殖民地人民普遍觉醒,他们最强劲的呼声,就是摆脱枷锁、争取独立。冷战结束后,各方最殷切的诉求,就是扩大合作、共同发展。"对世界百

五 回答世界之问:"世界向何处去、人类怎么办"

年未有之大变局,他指出:"人类正处在大发展大变革大调整时期。世界多极化、经济全球化深入发展,社会信息化、文化多样化持续推进,新一轮科技革命和产业革命正在孕育成长,各国相互联系、相互依存,全球命运与共、休戚相关,和平力量的上升远远超过战争因素的增长,和平、发展、合作、共赢的时代潮流更加强劲。同时,人类也正处在一个挑战层出不穷、风险日益增多的时代。世界经济增长乏力,金融危机阴云不散,发展鸿沟日益突出,兵戎相见时有发生,冷战思维和强权政治阴魂不散,恐怖主义、难民危机、重大传染性疾病、气候变化等非传统安全威胁持续蔓延。"

进入21世纪,世界多极化、经济全球化深入发展,和平与发展取代丛林法则,成为世界潮流。与此同时,"逆全球化"思潮抬头,局部冲突此起彼伏,非传统安全和全球性挑战不断增多,世界经济持续低迷,不稳定、不确定成为常态。当今世界,公平正义远未实现。少数国家漠视国际公理、践踏国际规则、违背国际民意,公然侵犯他国主权,干涉他国内政,动辄以大欺小、恃强凌弱,把"地球村"变成弱肉强食的原始丛林。面对充满危机的世界,中国共产党主张,国家不论大小、强弱、贫富,在国际关系中都是平等的;大国要有大国的样子,要以人类前途命运为要,对世界和平与发展担负更大责任,而不是依仗实力搞唯我独尊、霸凌霸道;世界的命运必须由各国人民共同掌握,各国和各国人民应该共同享受尊严、共同享受发展成果、共同享受安全保障。

理念引领行动,方向决定出路。

2013年4月,习近平主席在博鳌亚洲论坛年会上继续阐发人类命运共同体理念,从四个方面提出了牢固树立命运共同体意识的正确方向:第一,勇于变革创新,为促进共同发展提供不竭动力。他

命运之旗
——新时代理论创新与新征程使命任务

指出，世间万物，变动不居。"明者因时而变，知者随事而制。"要摒弃不合时宜的旧观念，冲破制约发展的旧框框，让各种发展活力充分迸发出来。第二，同心维护和平，为促进共同发展提供安全保障。他指出，和平是人民的永恒期望。和平犹如空气和阳光，受益而不觉，失之则难存。没有和平，发展就无从谈起。国家无论大小、强弱、贫富，都应该做和平的维护者和促进者，不能这边搭台、那边拆台，而应该相互补台、好戏连台。国际社会应该倡导综合安全、共同安全、合作安全的理念，使我们的地球村成为共谋发展的大舞台，而不是相互角力的竞技场，更不能为一己之私把一个地区乃至世界搞乱。各国交往频繁，磕磕碰碰在所难免，关键是要坚持通过对话协商与和平谈判，妥善解决矛盾分歧，维护相互关系发展大局。第三，着力推进合作，为促进共同发展提供有效途径。"一花独放不是春，百花齐放春满园。"世界各国联系紧密、利益交融，要互通有无、优势互补，在追求本国利益时兼顾他国合理关切，在谋求自身发展中促进各国共同发展，不断扩大共同利益汇合点。第四，坚持开放包容，为促进共同发展提供广阔空间。"海纳百川，有容乃大。"应该尊重各国自主选择社会制度和发展道路的权利，消除疑虑和隔阂，把世界多样性和各国差异性转化为发展活力和动力。要秉持开放精神，积极借鉴其他地区发展经验，共享发展资源，推进区域合作。

2015年9月28日，国家主席习近平在第七十届联合国大会一般性辩论时的讲话中，从五个方面系统阐述了构建人类命运共同体的科学内涵，即"建立平等相待、互商互谅的伙伴关系"，"营造公道正义、共建共享的安全格局"，"谋求开放创新、包容互惠的发展前景"，"促进和而不同、兼收并蓄的文明交流"，"构筑尊崇自然、绿

五　回答世界之问："世界向何处去、人类怎么办"

色发展的生态体系"。

关于建立平等相待、互商互谅的伙伴关系，习近平主席指出：联合国宪章贯穿主权平等原则。世界的前途命运必须由各国共同掌握。世界各国一律平等，不能以大压小、以强凌弱、以富欺贫。主权原则不仅体现在各国主权和领土完整不容侵犯、内政不容干涉，还应该体现在各国自主选择社会制度和发展道路的权利应当得到维护，体现在各国推动经济社会发展、改善人民生活的实践应当受到尊重。要坚持多边主义，不搞单边主义；要奉行双赢、多赢、共赢的新理念，扔掉我赢你输、赢者通吃的旧思维。协商是民主的重要形式，也应该成为现代国际治理的重要方法，要倡导以对话解争端、以协商化分歧。要在国际和区域层面建设全球伙伴关系，走出一条"对话而不对抗，结伴而不结盟"的国与国交往新路。大国之间相处，要不冲突、不对抗、相互尊重、合作共赢。大国与小国相处，要平等相待，践行正确义利观，义利相兼，义重于利。

关于营造公道正义、共建共享的安全格局，习近平主席指出：在经济全球化时代，各国安全相互关联、彼此影响。没有一个国家能凭一己之力谋求自身绝对安全，也没有一个国家可以从别国的动荡中收获稳定。弱肉强食是丛林法则，不是国与国相处之道。穷兵黩武是霸道做法，只能搬起石头砸自己的脚。要摒弃一切形式的冷战思维，树立共同、综合、合作、可持续安全的新观念。要充分发挥联合国及其安理会在止战维和方面的核心作用，通过和平解决争端和强制性行动双轨并举，化干戈为玉帛。我们要推动经济和社会领域的国际合作齐头并进，统筹应对传统和非传统安全威胁，防战争祸患于未然。

关于谋求开放创新、包容互惠的发展前景，习近平主席指出，

153

命运之旗
——新时代理论创新与新征程使命任务

2008年爆发的国际经济金融危机告诉我们，放任资本逐利，其结果将是引发新一轮危机。缺乏道德的市场，难以撑起世界繁荣发展的大厦。富者愈富、穷者愈穷的局面不仅难以持续，也有违公平正义。要用好"看不见的手"和"看得见的手"，努力使市场作用和政府作用有机统一、相互促进，打造兼顾效率和公平的规范格局。大家一起发展才是真发展，可持续发展才是好发展。要实现这一目标，就应该秉承开放精神，推进互帮互助、互惠互利。

关于促进和而不同、兼收并蓄的文明交流，习近平主席指出：人类文明多样性赋予这个世界姹紫嫣红的色彩，多样带来交流，交流孕育融合，融合产生进步。文明相处需要和而不同的精神。只有在多样中相互尊重、彼此借鉴、和谐共存，这个世界才能丰富多彩、欣欣向荣。不同文明凝聚着不同民族的智慧和贡献，没有高低之别，更无优劣之分。文明之间要对话，不要排斥；要交流，不要取代。人类历史就是一幅不同文明相互交流、互鉴、融合的宏伟画卷。要尊重各种文明，平等相待，互学互鉴，兼收并蓄，推动人类文明实现创造性发展。

关于构筑尊崇自然、绿色发展的生态体系，习近平主席指出：人类可以利用自然、改造自然，但归根结底是自然的一部分，必须呵护自然，不能凌驾于自然之上。要解决好工业文明带来的矛盾，以人与自然和谐相处为目标，实现世界的可持续发展和人的全面发展。国际社会应该携手同行，共谋全球生态文明建设之路，牢固树立尊重自然、顺应自然、保护自然的意识，坚持走绿色、低碳、循环、可持续发展之路。

这些关于构建人类命运共同体丰富内涵的阐述，紧紧围绕和平与发展时代主题，着眼于人类前途命运和世界发展方向，立足中国

五 回答世界之问:"世界向何处去、人类怎么办"

发展利益和发展环境,为世界提供了一种新的可能——人类能够开辟一条合作共赢、共建共享的文明发展新道路。人类命运共同体理念,揭示了世界各国相互依存和人类命运紧密相连的客观规律,反映了全人类共同价值,找到了共建美好世界的最大公约数。构建人类命运共同体,不是推进一种或少数文明的单方主张,也不是谋求在世界建设统一的行为体,更不是一种制度替代另一种制度、一种文明替代另一种文明,而是主张不同社会制度、不同意识形态、不同历史文明、不同发展水平的国家,在国际活动中目标一致、利益共生、权利共享、责任共担,促进人类社会整体发展。

这之后,习近平总书记从各个角度、各个方面不断深化对构建人类命运共同体理念的阐述,提出了一系列重大政策主张。

在全球治理上,习近平总书记提出,要坚定维护以联合国宪章宗旨和原则为核心的国际秩序和国际体系,维护和巩固第二次世界大战胜利成果,积极维护开放型世界经济体系,旗帜鲜明反对贸易和投资保护主义。要推动变革全球治理体制中不公正不合理的安排,推动国际货币基金组织、世界银行等国际经济金融组织切实反映国际格局的变化,特别是要增加新兴市场国家和发展中国家的代表性和发言权,推动各国在国际经济合作中权利平等、机会平等、规则平等,推进全球治理规则民主化、法治化,努力使全球治理体制更加平衡地反映大多数国家意愿和利益。要推动全球治理理念创新发展,积极发掘中华文化中积极的处世之道和治理理念同当今时代的共鸣点,继续丰富打造人类命运共同体等主张,弘扬共商共建共享的全球治理理念。

在建设创新包容的开放型世界经济上,习近平总书记提出,各国应该坚持开放融通,拓展互利合作空间。如果以邻为壑、孤立封

命运之旗
——新时代理论创新与新征程使命任务

闭,国际经贸就会气滞血瘀,世界经济也难以健康发展。应该坚持创新引领,加快新旧动能转换。应该把握新一轮科技革命和产业变革带来的机遇,加强数字经济、人工智能、纳米技术等前沿领域的合作,共同打造新技术、新产业、新业态、新模式。应该坚持包容普惠,推动各国共同发展。弱肉强食、赢者通吃是一条越走越窄的死胡同,各国应该超越差异和分歧,发挥各自优势,推动包容发展,携手应对全人类共同面临的风险和挑战。

在应对气候变化上,习近平总书记提出,共同但有区别的责任原则是全球气候治理的基石。对气候变化等全球性问题,如果抱着功利主义的思维,希望多占点便宜、少承担点责任,最终将是损人不利己。应该摒弃零和博弈狭隘思维,推动各国尤其是发达国家多一点共享、多一点担当,实现互惠共赢。要提高国际法在全球治理中的地位和作用,确保国际规则有效遵守和实施,坚持民主、平等、正义,建设国际法治。发达国家和发展中国家的历史责任、发展阶段、应对能力都不同,共同但有区别的责任原则不仅没有过时,而且应该得到遵守。

在全球互联网治理体系上,习近平总书记提出,以互联网为代表的信息技术日新月异,引领了社会生产新变革,创造了人类生活新空间,拓展了国家治理新领域,极大提高了人类认识世界、改造世界的能力。同时,互联网领域发展不平衡、规则不健全、秩序不合理等问题日益凸显。不同国家和地区间的信息鸿沟不断拉大,现有网络空间治理规则难以反映大多数国家意愿和利益;世界范围内侵害个人隐私、侵犯知识产权、网络犯罪等时有发生,网络监听、网络攻击、网络恐怖主义活动等成为全球公害。面对这些问题和挑战,国际社会应该在相互尊重、相互信任的基础上,共同构建和

五 回答世界之问:"世界向何处去、人类怎么办"

平、安全、开放、合作的网络空间,建立多边、民主、透明的全球互联网治理体系。他强调,应该尊重各国自主选择网络发展道路、网络管理模式、互联网公共政策和平等参与国际网络空间治理的权利,不搞网络霸权,不干涉他国内政,不从事、纵容或支持危害他国国家安全的网络活动。维护网络安全不应有双重标准,不能一个国家安全而其他国家不安全,一部分国家安全而另一部分国家不安全,更不能以牺牲别国安全谋求自身所谓绝对安全。

打造人类命运共同体是一个长期的历史过程,需要具体的路径指引。构建新型国际关系,就是构建人类命运共同体的基本路径。

近代以来的国际关系,一直是由大国强权主导的。第一次世界大战后,战胜国集团先后召开了凡尔赛会议和华盛顿会议,英国、法国等老牌帝国主义和美国、日本等后起的帝国主义进行了激烈的争权夺利,建立的所谓"凡尔赛—华盛顿体系",实质上是确立了少数帝国主义国家在欧洲、西亚、非洲、东亚以及太平洋地区的统治秩序,是帝国主义国家重新瓜分世界,奴役殖民地半殖民地人民的体系。它不仅没有解决各大国之间的矛盾,而且埋下了更大冲突的种子。1945年初,美、英、苏三国政府首脑罗斯福、丘吉尔、斯大林在苏联雅尔塔举行会议,讨论战后世界秩序的安排,确立了影响世界政治格局几十年的雅尔塔体系。这个体系从本质上说,仍然是以美国和苏联两个超级大国为主导制定的,而不是世界上所有国家都能公平参与协商决定的。雅尔塔体系积极的一面是具有反对法西斯侵略的民主进步的性质,实现了世界由战争到和平的转变,把国际民主原则和和平共处原则纳入了联合国宪章,促进了世界上被压迫民族解放事业的发展。消极的一面是它仍然是强权对抗的产物,以美国和苏联为首的对抗双方,在全球范围内进行了极其激烈

命运之旗
——新时代理论创新与新征程使命任务

的争夺霸权的冷战，广大发展中国家的利益成为双方争斗的牺牲品。冷战结束后，世界格局向多极化发展，但由于苏联解体，美国成为唯一的超级大国，妄图建立美国主导的国际新秩序，对于其他国家颐指气使，稍有不从就挥舞制裁大棒，甚至直接以武力干涉，但行动中已常常有力不从心之感。美国咄咄逼人的做法非常不得人心，引起了世界多数国家的不满，但慑于美国的军事和经济霸权而敢怒不敢言。与此同时，以中国为代表的新兴市场国家和发展中国家群体性崛起，中国的发展正日益成为推动世界变化的重要力量。可以说，当今世界正经历百年未有之大变局，多重挑战和危机交织叠加，世界经济复苏艰难，发展鸿沟不断拉大，生态环境持续恶化，冷战思维阴魂不散，人类社会现代化进程又一次来到历史的十字路口，亟须构建符合当今时代潮流和世界大多数人民认可的新型国际关系。

2021年9月21日，习近平主席在北京以视频方式出席第七十六届联合国大会一般性辩论并发表重要讲话，在这次讲话中，他提出了新型国际关系的基本内涵，指出："我们要坚持对话而不对抗、包容而不排他，构建相互尊重、公平正义、合作共赢的新型国际关系，扩大利益汇合点，画出最大同心圆。"构建新型国际关系，是中国为处理好国家间关系、保持国际社会稳定发展寻求的新道路，也是符合人类和世界共同利益的发展之路。

习近平总书记提出的新型国际关系的内涵，其核心思想是以合作取代对抗，以共赢取代独占，不再搞零和博弈和赢者通吃那一套。他指出："世界上不存在高人一等的国家，不存在放之四海而皆准的国家治理模式，不存在由某个国家说了算的国际秩序。"世界的发展不可能建立在少数国家越来越富裕而多数国家长期贫穷的

五 回答世界之问:"世界向何处去、人类怎么办"

基础之上,不可能建立在少数国家发号施令而多数国家只能屈从的基础之上,不可能建立在少数国家总是占便宜而多数国家总是吃亏的基础之上。要坚持国家不分大小、强弱、贫富一律平等,尊重各国人民自主选择的发展道路和社会制度,反对干涉别国内政,反对搞双重标准,维护国际公平正义。每个国家在谋求自身发展的同时,不应该以邻为壑,肆意侵害别国利益,而要积极促进其他国家共同发展。各国在应对危机和挑战时,要谋求合作安全、集体安全、共同安全,而不应该牺牲别国的安全诉求来谋求自身绝对安全,甚至穷兵黩武威胁别国安全。

习近平总书记还在多个国内外场合提出构建网络空间命运共同体、核安全命运共同体、海洋命运共同体、人类卫生健康共同体等重要倡议,使人类命运共同体内涵更加丰富具体。构建人类命运共同体理念,既承载着中国对建设美好世界的不懈追求,也反映了各国人民对世界新秩序的美好期待,受到国际社会特别是广大发展中国家的普遍欢迎和广泛支持。

联合国前秘书长潘基文认为:"我们人类是一个命运的共同体。我对此完全支持,构建人类命运共同体是非常重要和恰当的理念。这难道不正是我们应当致力于建设的世界吗?"

克罗地亚前总统伊沃·约西波维奇认为,习近平主席提出的构建人类命运共同体理念富有远见卓识,"在全球冲突不断的当下,这也是一个关乎全球和平的理念",应汇聚起更强有力的国际支持,推动实现人类命运共同体的价值理念和目标。

日本前首相鸠山由纪夫认为,习近平主席提出的构建人类命运共同体理念非常契合时代、非常必要。树立命运与共的共同体意识对于世界避免割裂、应对挑战以及亚洲维护和平、共同发展非常重要。在

命运之旗
——新时代理论创新与新征程使命任务

我们生活的地球上,不仅环境是一个整体,人与人之间也相互联系。

美国知名中国问题专家罗伯特·库恩认为,人类命运共同体理念为全球治理贡献了中国方案,为促进世界和平与繁荣提供了中国智慧,为国际关系提供了新范式。英国社会科学院院士马丁·阿尔布劳认为,构建人类命运共同体理念深化和丰富了现有的国际体系,推动各国共同完善全球治理。英国剑桥大学教授马丁·雅克认为,"中国提供了一种'新的可能',这就是摒弃丛林法则、不搞强权独霸、超越零和博弈,开辟一条合作共赢、共建共享的文明发展新道路。这是前无古人的伟大创举,也是改变世界的伟大创造"。西班牙著名中国问题专家胡里奥·里奥斯认为:在一个不确定性上升的世界里,强调人类命运与共,是中国为破解一系列全球性紧迫问题开出的有效药方。哈萨克斯坦著名经济学家阿尔马斯·丘金认为,如果用几个词来概述他理解中的构建人类命运共同体理念,"国家利益"与"共同繁荣"最为恰当。他说:"我们不是在参与体育竞赛,只有一块金牌让所有人竞争,我们可以将共同的蛋糕、共同的果实做大。""通过努力合作,我们将实现共赢。"

构建人类命运共同体理念相继被写入一系列国际性文献。2017年2月10日,这一理念被写入联合国社会发展委员会"非洲发展新伙伴关系的社会层面"决议;3月17日,写入联合国安理会关于阿富汗问题的第2344号决议;3月23日,写入联合国人权理事会关于"经济、社会、文化权利"和"粮食权"两个决议;11月2日,写入联合国大会裁军与国际安全委员会"防止外空军备竞赛的进一步切实措施"和"不首先在外空部署武器"两份安全决议;2018年3月23日,联合国人权理事会第37届会议通过中国提出的"在人权领域促进合作共赢"决议,同时把推进构建人类命运共同体,推进

五 回答世界之问:"世界向何处去、人类怎么办"

构建相互尊重、公平正义、合作共赢的新型国际关系写入联合国的文件……这表明,构建人类命运共同体理念已经得到国际社会广泛认可,逐步成为世界各国人民向往和平、发展、繁荣的最大公约数,为世界更好发展指明了前进方向,贡献了中国智慧,提供了中国方案。

在2017年10月召开的党的十九大上,推动构建人类命运共同体作为习近平新时代中国特色社会主义思想的重要内容,作为新时代坚持和发展中国特色社会主义基本方略中的一条,成为中国引领时代潮流和人类文明进步方向的鲜明旗帜。十九大报告的第十二部分以"坚持和平发展道路,推动构建人类命运共同体"为题,系统阐述了人类命运共同体理念丰富而深刻的内涵及其时代价值。2018年3月,十三届全国人大一次会议将推动构建人类命运共同体写进《中华人民共和国宪法修正案》,进一步将其上升为国家意志。2022年10月,党的二十大报告中再次强调:"构建人类命运共同体是世界各国人民前途所在。万物并育而不相害,道并行而不相悖。只有各国行天下之大道,和睦相处、合作共赢,繁荣才能持久,安全才有保障。"

构建人类命运共同体理念在世界历史面临何去何从的十字路口,站在人类前途命运的高度,统筹国内国际两个大局,体现了新时代的中国致力于为世界和平与发展作出更大贡献的大国担当和崇高使命,体现了中国共产党、中国政府和中国人民推动构建人类命运共同体、推进人类发展和实现世界美好前途的真诚愿望和坚定决心。

2. 三大全球倡议

从2021年到2023年，习近平总书记连续提出了全球发展倡议、全球安全倡议和全球文明倡议，"三大全球倡议"从发展、安全、文明三个维度指明人类社会前进方向，彼此呼应、相辅相成，形成有机整体，为推动构建人类命运共同体提供了坚实支撑。全球发展倡议从发展维度明确回答了"人类需要什么样的发展理念、怎样实现全球发展"，为推动构建人类命运共同体提供了物质基础；全球安全倡议从安全维度明确回答了"人类需要什么样的安全理念、怎样实现普遍安全"，为推动构建人类命运共同体打造了安全基础；全球文明倡议从文明维度明确回答了"人类需要什么样的文明理念、怎样实现交流互鉴"，为推动构建人类命运共同体夯实了文明基础。

2021年9月21日，国家主席习近平以视频形式参加第七十六届联合国大会一般性辩论，发表题为《坚定信心，共克时艰，共建更加美好的世界》的重要讲话，代表中国向全世界发出了全球发展倡议。这个倡议包括六个方面的内容：一是坚持发展优先。将发展置于全球宏观政策框架的突出位置，加强主要经济体政策协调，保持连续性、稳定性、可持续性，构建更加平等均衡的全球发展伙伴关系，推动多边发展合作进程协同增效，加快落实联合国2030年可持续发展议程。二是坚持以人民为中心。在发展中保障和改善民生，保护和促进人权，做到发展为了人民、发展依靠人民、发展成果由人民共享，不断增强民众的幸福感、获得感、安全感，实现人的全

五 回答世界之问:"世界向何处去、人类怎么办"

面发展。三是坚持普惠包容。关注发展中国家特殊需求,通过缓债、发展援助等方式支持发展中国家尤其是困难特别大的脆弱国家,着力解决国家间和各国内部发展不平衡不充分问题。四是坚持创新驱动。抓住新一轮科技革命和产业变革的历史性机遇,加速科技成果向现实生产力转化,打造开放、公平、公正、非歧视的科技发展环境,挖掘疫后经济增长新动能,携手实现跨越发展。五是坚持人与自然和谐共生。完善全球环境治理,积极应对气候变化,构建人与自然生命共同体。加快绿色低碳转型,实现绿色复苏发展。六是坚持行动导向。加大发展资源投入,重点推进减贫、粮食安全、抗疫和疫苗、发展筹资、气候变化和绿色发展、工业化、数字经济、互联互通等领域合作,加快落实联合国2030年可持续发展议程,构建全球发展命运共同体。

在中国政府的推动下,联合国成立了"全球发展倡议之友"小组,并于2022年9月20日在纽约召开了部长级会议。会议由中华人民共和国国务委员兼外交部长王毅主持,包括4个国家的副总理兼外长和30多国外长在内的60国高级别代表,以及联合国经社部、特殊处境国家办公室、开发计划署、粮农组织、教科文组织、国际移民组织、国际可再生能源署等近十个机构主要负责人、秘书长非洲问题特别顾问出席。联合国秘书长古特雷斯以视频方式发表讲话,常务副秘书长阿明娜出席会议。这表明,全球发展倡议得到了联合国众多组织和国际社会的普遍欢迎。

2022年4月21日,习近平主席在博鳌亚洲论坛2022年年会开幕式上发表主旨演讲,代表中国政府提出全球安全倡议。这个倡议包括六个方面的主要内容:一是要坚持共同、综合、合作、可持续的安全观,共同维护世界和平和安全;二是坚持尊重各国主权、领土

命运之旗
——新时代理论创新与新征程使命任务

完整，不干涉别国内政，尊重各国人民自主选择的发展道路和社会制度；三是坚持遵守联合国宪章宗旨和原则，摒弃冷战思维，反对单边主义，不搞集团政治和阵营对抗；四是坚持重视各国合理安全关切，秉持安全不可分割原则，构建均衡、有效、可持续的安全架构，反对把本国安全建立在他国不安全的基础之上；五是坚持通过对话协商以和平方式解决国家间的分歧和争端，支持一切有利于和平解决危机的努力，不能搞双重标准，反对滥用单边制裁和"长臂管辖"；六是坚持统筹维护传统领域和非传统领域安全，共同应对地区争端和恐怖主义、气候变化、网络安全、生物安全等全球性问题。

"全球安全倡议"是中国传统政治哲学"礼之用，和为贵"的时代表达，与西方的零和博弈观念形成了鲜明对比。一直以来，西方国际关系理论的主流是强调冲突，曾担任过美国国防部助理部长的哈佛大学教授格雷厄姆·艾利森提出所谓"修昔底德陷阱"，认为一个新兴大国（中国）必然会挑战守成大国（美国）的地位，而守成大国也必然会采取措施进行遏制和打压，两者的冲突甚至战争在所难免。对此，习近平主席2015年访问美国时，在华盛顿州当地政府和美国友好团体联合欢迎宴会上的演讲中，给予了回应，他指出："世界上本无'修昔底德陷阱'，但大国之间一再发生战略误判，就可能自己给自己造成'修昔底德陷阱'。"在全球安全挑战层出不穷的情况下，国际和平赤字、安全赤字不断积累，如果不能以新的理念解决全球安全问题，势必导致大国之间猜忌不断、博弈激烈，地区之间冲突加剧、战火不休。全球安全倡议为世界上所有国家尤其是发展中国家提供了维护和平、在安全环境下实现发展的新路径。

五 回答世界之问:"世界向何处去、人类怎么办"

2023年3月15日,习近平总书记在中国共产党与世界政党高层对话会上的主旨讲话中,提出全球文明倡议。这个倡议包括四个方面的主要内容:一是要共同倡导尊重世界文明多样性,坚持文明平等、互鉴、对话、包容,以文明交流超越文明隔阂、文明互鉴超越文明冲突、文明包容超越文明优越。二是要共同倡导弘扬全人类共同价值,和平、发展、公平、正义、民主、自由是各国人民的共同追求,要以宽广胸怀理解不同文明对价值内涵的认识,不将自己的价值观和模式强加于人,不搞意识形态对抗。三是要共同倡导重视文明传承和创新,充分挖掘各国历史文化的时代价值,推动各国优秀传统文化在现代化进程中实现创造性转化、创新性发展。四是要共同倡导加强国际人文交流合作,探讨构建全球文明对话合作网络,丰富交流内容,拓展合作渠道,促进各国人民相知相亲,共同推动人类文明发展进步。

人类文明经历了几千年的发展,其多样性是客观存在的。当今世界,有200多个国家和地区、2500多个民族、5000多种语言。各国家各地区各民族都有属于自己的璀璨文明成果,每一种文明都有自己的尊严,有其存在的土壤和价值。不同文明之间交流互鉴,取长补短,是推动人类文明进步和世界和平发展的重要动力。而交流互鉴的前提,是承认不同文明是平等的,没有高低贵贱之别。但是,近代以来由于西方率先完成工业革命,利用军事和经济实力对广大非洲、亚洲和拉丁美洲国家进行殖民、侵略、掠夺,形成了一种错误观念,认为西方文明比其他文明更加优越,是高等文明,以俯视甚至蔑视的态度对待其他文明,这种傲慢和偏见成为文明交流互鉴的最大障碍。进入21世纪,西方的"文明优越论"进一步膨胀为"美国例外论",美国一些政客认为,美国赢得了冷战,是世界

命运之旗
——新时代理论创新与新征程使命任务

上唯一的超级大国,是"天选之子",因此,美国与其他任何国家都不一样,是世界的领导者,是国际事务的规则制定者,而且不受这些规则的约束。一句话,美国可以为所欲为,其他国家不能有异议。这种极端倨傲蛮横的心态,表现在国际事务上,就是惯用双重标准、动辄指责别人、善于颠倒黑白、沉迷霸权旧梦。

不同文明应该怎样相处,冷战结束后一度产生重大影响的观点是"文明冲突论"。1993年夏,美国政治学家塞缪尔·亨廷顿在美国《外交》杂志上发表了论文《文明的冲突?》,首次提出这一观点,引起全世界广泛而激烈的争论。1996年,亨廷顿在原论文的基础上扩写出版了《文明的冲突与世界秩序的重建》一书,进一步阐述和坚持自己的观点。他认可世界上许多不同的文化和文明并存,冷战后世界格局的决定因素表现为七大或八大文明,即西方文明、中华文明、日本文明、印度文明、伊斯兰文明、东正教文明、拉美文明,以及可能存在的非洲文明。同时他认为,文明之间必将产生冲突,因为各国对公民和国家、权利与责任、自由与权威以及平等与等级制度的看法存在根本差异,因此冷战后主宰全球的将是"文明的冲突"。他强调文明之间并不平等,那些最大的文明拥有世界上的主要权力。特别是针对中国,他认为,中国的历史、文化、传统、规模、经济活力和自我形象,都驱使它在东亚寻求一种霸权地位,因为所有其他大国如英国、法国、德国、日本、美国和苏联,在经历高速工业化和经济增长的同时,或在紧随其后的年代里,都进行了对外扩张、自我伸张和实现帝国主义。因此没有理由认为,中国在经济和军事实力增强后不会采取同样的做法。这种"国强必霸"的观点,实际上是"中国威胁论"的另一个版本,是基于西方霸权史强加给中国的标签。亨廷顿有这样的看法其实一点也不奇

五 回答世界之问:"世界向何处去、人类怎么办"

怪,他是美国人,而美国正是"国强必霸"的典型。美国自1776年诞生至今240多年的历史中,只有不到20年没有处于战争状态。通过接连不断地参与和发动战争,美国先后建立了在北美、拉美和全球的霸权地位。我们看美国的国徽上,主体图案是一只白头海雕,这是一种极其凶猛的禽鸟,成年后体长可达1米,翼展2米多,具有锋利的爪和喙,堪称雄踞北美大陆食物链顶端的空中恶霸。而这只海雕的两只爪子,一只抓着箭镞,一只抓着橄榄枝,仿佛告诉世人:想要和平吗?那得先拜服在我的武力之下。长期以来,美国保持着世界上最大的军费开支,据瑞典斯德哥尔摩国际和平研究所数据,在2012年到2021年的10年间,美国军费占全球10年军费总开支的39%,超过排名其后的9个国家军费开支总和。2023财政年度美国国防预算高达8580亿美元,首次突破8000亿美元。美国国会批准的2024年预算案中,拨给美国国防部8420亿美元,给美国联邦调查局、美国能源部等其他机构的国防项目拨款440亿美元,合计为8860亿美元,预计将占美国2024年GDP的3.2%,占美国联邦政府可自由支配开支的47%。而这样海量军费打造的军队,其唯一目标,就是维护美国在全球的霸权地位。

中华民族历来是爱好和平的民族,中华民族的血液中没有侵略他人、称霸世界的基因,中国人民不接受"国强必霸"的逻辑。2014年3月,习近平主席在德国科尔伯基金会的演讲中对这个"国强必霸"的观点进行了驳斥,他很形象地说:"面对中国的块头不断长大,有些人开始担心,也有一些人总是戴着有色眼镜看中国,认为中国发展起来了必然是一种'威胁',甚至把中国描绘成一个可怕的'墨菲斯托',似乎哪一天中国就要摄取世界的灵魂。尽管这种论调像天方夜谭一样,但遗憾的是,一些人对此却乐此不疲。

命运之旗
——新时代理论创新与新征程使命任务

这只能再次证明了一条真理：偏见往往最难消除。""中国不认同'国强必霸'的陈旧逻辑。"中国坚持走和平发展道路，同时也努力推动各国共同坚持和平发展。为什么中国坚定维护和平？这既是中华优秀传统文化的传承和发展，也是中国人民从近代以来自身遭遇的苦难中得出的结论。自1840年鸦片战争到1949年新中国成立，世界上没有任何其他国家像中华民族那样经历如此多的战乱、遭遇如此多的苦难、付出如此多的牺牲、损失如此多的财富，中国人民对战争的苦难有着刻骨铭心的记忆，"己所不欲，勿施于人"，当今世界，没有人比中国人民更珍惜和平安定的生活。中国从一个积贫积弱的国家发展成为世界第二大经济体，靠的不是对外军事扩张和殖民掠夺，而是人民勤劳、维护和平。全球文明倡议给纠正那些延续对抗政治和冷战思维的灾难导向，给消除对异质文明的傲慢、偏见、敌意，给尊重世界文明的多样性，以文明交流超越文明隔阂、以文明互鉴超越文明冲突、以文明共存超越文明优越，推动各国相互理解、相互尊重、相互信任，推动构建人类命运共同体，创造人类文明新形态，形成全球文明发展新共识，注入了强大动能。

构建人类命运共同体理念与"三大全球倡议"分别蕴含的新发展观、新安全观、新文明观，共同体现了新时代中国和中国共产党人的世界观。"三大全球倡议"紧扣人类社会进步的三大主题，构成了人类命运共同体大厦的"三大支柱"。发展、安全、文明，是全人类的共同利益所在，发展是安全和文明的基础，安全是发展和文明的前提，文明是发展和安全的升华，三者相互促进、彼此支撑，为世界朝着构建人类命运共同体方向前行提供了可行路径。

五　回答世界之问："世界向何处去、人类怎么办"

3. 实践平台："一带一路"

2017年，位于非洲大陆以东、印度洋西部的非洲最大岛国马达加斯加发行新版货币，在其面额最大的2万阿里亚里纸币上，印制着中国杂交水稻的图案。这是马达加斯加政府和人民向中国表达的特殊感谢，也是中国推动"一带一路"建设造福沿路沿线人民的宝贵见证。

水稻是马达加斯加的主要农作物，占该国农业种植面积的一半以上。然而，受制于种子质量、种植技术、基础设施等多重因素，其稻米产量较低，无法满足本国民众需求。为实现粮食自给自足，马达加斯加与中国展开杂交水稻技术合作，累计推广面积达5万多公顷，平均每公顷产量可达7.5吨左右。水稻产量比原来提高了两倍多，预计将在2024年实现粮食自给。中国与西方的最大不同在于，西方在"援助"的幌子下，往往利用垄断种子、肥料和种植技术的优势地位谋取高额利润，但中国秉承人类命运共同体理念，不仅教会当地农民种植技术，还把育种、制种、加工技术一并教给了当地农民，使马达加斯加成为非洲首个拥有杂交水稻育种、制种、种植、加工和销售全产业链的国家。

构建人类命运共同体，关键在行动。而"一带一路"正是当今世界范围最广、规模最大的重要实践平台。

共建"一带一路"倡议是习近平总书记着眼人类共同发展提出的。中国的发展得益于国际社会，也愿为国际社会提供更多公共产品。2013年9月7日，国家主席习近平在哈萨克斯坦纳扎尔巴耶夫

命运之旗
——新时代理论创新与新征程使命任务

大学作题为《弘扬人民友谊 共创美好未来》的演讲，提出共同建设"丝绸之路经济带"。同年10月3日，习近平主席在印度尼西亚国会发表题为《携手建设中国—东盟命运共同体》的演讲，提出共同建设"21世纪海上丝绸之路"。"丝绸之路经济带"和"21世纪海上丝绸之路"的合作倡议，合称为"一带一路"倡议。习近平总书记后来曾从历史维度和现实维度两个视角谈过提出这个倡议的初衷，他说："这项倡议源于我对世界形势的观察和思考。""从历史维度看，人类社会正处在一个大发展大变革大调整时代。世界多极化、经济全球化、社会信息化、文化多样化深入发展，和平发展的大势日益强劲，变革创新的步伐持续向前。各国之间的联系从来没有像今天这样紧密，世界人民对美好生活的向往从来没有像今天这样强烈，人类战胜困难的手段从来没有像今天这样丰富。""从现实维度看，我们正处在一个挑战频发的世界。世界经济增长需要新动力，发展需要更加普惠平衡，贫富差距鸿沟有待弥合。地区热点持续动荡，恐怖主义蔓延肆虐。和平赤字、发展赤字、治理赤字，是摆在全人类面前的严峻挑战。"他强调："这是我一直思考的问题。""一带一路"倡议正是对这些问题深入思考后给出的解决方案。

"一带一路"倡议提出之初，西方国家戴着有色眼镜评价说：这是中国版的"马歇尔计划"。所谓"马歇尔计划"，是第二次世界大战后，美国为重建欧洲经济而实施的一项经济援助计划，实施时间是1948年到1952年，美国以贷款、赠款、贸易优惠、技术援助等形式（其中贷款是最主要的援助方式，需要被援助国家偿还），向欧洲提供了130亿美元的经济援助。因为该计划是由时任美国国务卿马歇尔主持实施的，所以被称为"马歇尔计划"。通过这次援

五　回答世界之问："世界向何处去、人类怎么办"

助，欧洲经济得以较快复苏，但美国借此也达到了控制欧洲各国经济的目的，对这些国家的政治独立性和经济自主性造成了威胁。可以说，美国以极小的代价极大扩张了在西欧的霸权。对此，美国学者也直言不讳，比如美国学者约翰·斯帕尼尔在《第二次世界大战后美国的外交政策》一书中就坦率地承认："'马歇尔计划'是一次重大胜利，而花的代价只是美国这四年国民收入的极小的部分。的确，它比美国人在这几年中花在喝酒上的钱还少。"西方把"一带一路"倡议比作"马歇尔计划"，实际上是以己度人，认为中国也想借此影响参与国，进而建立自己的经济霸权。对于这种不怀善意的比较，中国外交部长王毅曾予以驳斥说："'一带一路'比马歇尔计划更古老得多，有2000多年历史，现在只是让它焕发新的时代光芒；同时，'一带一路'比马歇尔计划更年轻，因为它诞生于全球化时代，它是开放合作的产物。"

共建"一带一路"倡议，顺应经济全球化的历史潮流，顺应全球治理体系变革的时代要求，顺应各国人民过上更好日子的强烈愿望，因而得到国际社会的普遍欢迎和积极响应。2017年5月14日至15日，首届"一带一路"国际合作高峰论坛在北京成功举行，论坛以"加强国际合作，共建'一带一路'，实现共赢发展"为主题，包括29位外国元首和政府首脑在内的140多个国家、80多个国际组织的1600余名外宾与会。习近平主席在开幕式上发表题为《携手推进"一带一路"建设》的主旨演讲。他提出，要将"一带一路"建成和平之路、繁荣之路、开放之路、创新之路、文明之路，推动"一带一路"建设行稳致远，迈向更加美好的未来。首届高峰论坛取得了丰硕成果，明确了未来"一带一路"合作方向，规划了"一带一路"建设具体路线图，确定了一批"一带一路"重点项目。

命运之旗
——新时代理论创新与新征程使命任务

2019年4月25日至27日,在北京举行第二届"一带一路"国际合作高峰论坛。论坛以"共建'一带一路'、开创美好未来"为主题,包括37位外国领导人以及联合国秘书长和国际货币基金组织总裁在内的150个国家、92个国际组织的6000余名外宾与会,规模大大超过首届论坛,显示了"一带一路"倡议的强大吸引力。习近平主席在开幕式上发表题为《齐心开创共建"一带一路"美好未来》的主旨演讲。他提出,面向未来,要聚焦重点、深耕细作,共同绘制精谨细腻的"工笔画",推动共建"一带一路"沿着高质量发展方向不断前进。要秉持共商共建共享原则,倡导多边主义,大家的事大家商量着办,推动各方各施所长、各尽所能,通过双边合作、三方合作、多边合作等各种形式,把大家的优势和潜能充分发挥出来,聚沙成塔、积水成渊。要坚持开放、绿色、廉洁理念,不搞封闭排他的小圈子,把绿色作为底色,推动绿色基础设施建设、绿色投资、绿色金融,保护好我们赖以生存的共同家园,坚持一切合作都在阳光下运作,共同以零容忍态度打击腐败。要努力实现高标准、惠民生、可持续目标,引入各方普遍支持的规则标准,推动企业在项目建设、运营、采购、招投标等环节按照普遍接受的国际规则标准进行,同时要尊重各国法律法规。要坚持以人民为中心的发展思想,聚焦消除贫困、增加就业、改善民生,让共建"一带一路"成果更好惠及全体人民,为当地经济社会发展作出实实在在的贡献,同时确保商业和财政上的可持续性,做到善始善终、善作善成。第二届"一带一路"国际合作高峰论坛的成功举办,标志着共建"一带一路"进入新阶段。

2023年10月17日至18日,第三届"一带一路"国际合作高峰论坛在北京举行,习近平主席发表题为《建设开放包容、互联互

五 回答世界之问:"世界向何处去、人类怎么办"

通、共同发展的世界》的主旨演讲。他指出,中国正在以中国式现代化全面推进强国建设、民族复兴伟业。我们追求的不是中国独善其身的现代化,而是期待同广大发展中国家在内的各国一道,共同实现现代化。他宣布了中国支持高质量共建"一带一路"的八项行动:构建"一带一路"立体互联互通网络;支持建设开放型世界经济;开展务实合作,统筹推进标志性工程和"小而美"民生项目;促进绿色发展,持续深化绿色基建、绿色能源、绿色交通等领域合作;推动科技创新,继续实施"一带一路"科技创新行动计划,举办首届"一带一路"科技交流大会;支持民间交往,举办"良渚论坛",深化同共建"一带一路"国家的文明对话;建设廉洁之路,会同合作伙伴发布《"一带一路"廉洁建设成效与展望》,推出《"一带一路"廉洁建设高级原则》;完善"一带一路"国际合作机制,同共建"一带一路"各国加强能源、税收、金融、绿色发展、减灾、反腐败、智库、媒体、文化等领域的多边合作平台建设。

共建"一带一路"倡议虽然是中国提出的,但它提供的发展机遇和成果属于全世界。正如习近平总书记所指出的:"中国的发展得益于国际社会,也必将回馈国际大家庭。……中国的发展不会牺牲别国利益,只会增进共同利益。""中国不打地缘博弈小算盘,不搞封闭排他小圈子,不做凌驾于人的强买强卖。""我们将以海纳百川的胸襟,坚持共商共建共享原则,相互尊重、民主协商、共同决策,在开放中合作,在合作中共赢。"

共建"一带一路"倡议以和平合作、开放包容、互学互鉴、互利共赢为指引,以政策沟通、设施联通、贸易畅通、资金融通、民心相通为重点,秉持共商共建共享原则,坚持开放、绿色、廉洁理念，努力实现高标准、惠民生、可持续目标，已经从理念转化为行动，从愿景转化为现实，从倡议转化为全球广受欢迎的公共产品。到2023年8月，中国已同152个国家和32个国际组织签署了200多份共建"一带一路"合作文件，世界上超过3/4的国家和30多个国际组织参与其中，累计对共建国家直接投资超过2400亿美元，拉动近万亿美元投资规模，形成3000多个合作项目，为共建国家创造42万个工作岗位，帮助近4000万人摆脱贫困。据世界银行研究报告，共建"一带一路"倡议将使相关国家760万人摆脱极端贫困、3200万人摆脱中度贫困，将使参与国贸易增长2.8%至9.7%、全球贸易增长1.7%至6.2%、全球收入增加0.7%至2.9%。除了传统领域合作，近年来，中国还结合自身发展经验与"一带一路"共建国家和地区发展需求，推动数字经济等新兴领域的国际合作。以建设"数字丝绸之路"为例，它作为共建"一带一路"的重要组成部分，涵盖了从网络基建到纳米技术、大数据、人工智能、量子计算和智能城市等多个新发展领域，正成为推动新型全球化的数字桥梁，很多国家都对此表现出了浓厚兴趣。当前，数字经济是推动中国经济增长的主要引擎之一，也是促进国际合作的重点领域之一。加强数字经济国际合作，尤其是加强中国与其他新兴市场和发展中国家的合作，有助于缩小全球数字鸿沟，促进各国平衡发展，推动全球数字治理变革。

  作为构建人类命运共同体的重要实践平台，共建"一带一路"倡议是中国积极参与全球治理、承担大国责任的体现。"一带一路"植根的是历史，面向的是未来。

五　回答世界之问："世界向何处去、人类怎么办"

4. 世界舞台中心：从"走进"到"走近"

2023年4月6日，沙特阿拉伯和伊朗两国外长在北京成功会晤，宣布恢复外交关系。长期断交的两个中东大国在中国斡旋下握手言和，震惊世界，海外媒体称其为"中国外交的惊世之举"。随后几周，中东地区掀起一轮和解潮：沙特和阿曼推动也门问题政治解决；卡塔尔与巴林决定恢复外交关系；叙利亚外长时隔10余年后首访埃及、沙特；沙特等9个阿拉伯国家开会讨论叙利亚回归阿拉伯国家联盟……中国为化解中东地区矛盾冲突而奔走协调的成果，彰显了中国为推动实现世界长治久安作出的贡献，也彰显了当今中国在国际舞台上的分量和影响。可以说，今日中国正以前所未有的姿态走近世界舞台中心。

回望新中国的外交历程，对比今日中国的国际影响力，让人感慨万千。

新中国成立之初的两年，社会主义阵营的10多个国家和周边的几个国家很快同我们建立了外交关系，西方发达国家中，只有瑞典、丹麦、瑞士、芬兰四个国家同我们建立了外交关系，以美国为首的一大批国家对新中国采取的是孤立政策。尽管通过抗美援朝战争告诉世界，站起来的中国人民是不可辱的，通过倡导和平共处五项原则向世界传递了善意和良好愿望，但给予回应的主要是亚非拉的"穷兄弟"。20世纪50年代，总共只有24个国家与我国建交，60年代的10年里，有17个国家先后与我国建交，这41个国家中，"美国的后院"中南美洲只有一个古巴，西方大国中只有一个法国。那

命运之旗
——新时代理论创新与新征程使命任务

时候我们常说"我们的朋友遍天下",但实际上我们在国际上的影响力是很有限的,我们说什么、做什么,世界上真正关心的人并不是太多。对于世界上的大事,特别是非中国周边的大事,我们更多的是扮演一个旁观者的角色。直到1971年恢复了联合国合法席位,恢复了联合国安理会常任理事国地位,中国才开始真正走进世界舞台中心,外交工作才突飞猛进打开局面,70年代的10年里,有70个国家先后与我国建立了外交关系。党的十一届三中全会后,中国实行改革开放,国力逐渐增强,不再是国际秩序被动的接受者,而成为世界瞩目的积极主动的参与者。

进入新时代,中国与世界的关系出现了历史性变化,中国展现负责任大国担当,积极参与全球治理体系改革和建设,全面开展国际合作,赢得广泛国际赞誉,我国国际影响力、感召力、塑造力显著提升。中国与世界的相互影响从来没有像今天这样深刻和广泛。发生这种变化的原因有很多,但最重要的是以习近平同志为核心的党中央统筹国内国际两个大局,习近平外交思想引领中国开辟了一条中国特色大国外交新路,谱写了中国特色大国外交华彩乐章。

习近平总书记以马克思主义政治家、思想家、战略家的卓越政治智慧、非凡理论勇气、深厚天下情怀,准确把握世界大势,敏锐把握中国同世界关系的历史性新变化,深刻揭示国际力量对比的革命性变化,指出当今世界正经历百年未有之大变局,新兴市场国家和发展中国家群体性崛起,任何国家或国家集团都再也无法单独主宰世界事务。准确分析新冠疫情发生以来国际形势变乱交织的新特征,指出世界进入新的动荡变革期,世界之变、时代之变、历史之变正以前所未有的方式展开。科学研判我国外部环境发展变化的新特点,指出我国发展进入战略机遇和风险挑战并存、不确定难预料

五　回答世界之问："世界向何处去、人类怎么办"

因素增多的时期，必须准备经受风高浪急甚至惊涛骇浪的重大考验。在历史转折的关键节点，习近平外交思想指引中国外交工作观大势、谋全局、抓根本，始终立于时代潮头，牢牢把握新时代中国外交的历史主动。

习近平外交思想坚持推动构建人类命运共同体，锚定了新时代中国外交的目标方向，明确了中国外交的世界愿景，回应了各国人民的共同诉求，指明了解决全球性问题的根本路径，成为引领时代潮流和人类前进方向的鲜明旗帜。习近平外交思想坚持发扬斗争精神，熔铸了新时代中国外交的精神品格。凡是危害中国共产党领导和我国社会主义制度的各种风险挑战，凡是危害我国主权、安全、发展利益的各种风险挑战，凡是危害我国核心利益和重大原则的各种风险挑战，凡是危害我国人民根本利益的各种风险挑战，凡是危害我国实现"两个一百年"奋斗目标、实现中华民族伟大复兴的各种风险挑战，只要来了，我们就必须进行坚决斗争，毫不动摇，毫不退缩，直至取得胜利。习近平外交思想坚持推进马克思主义中国化时代化，开辟了新时代中国外交的崭新境界。习近平外交思想是"两个结合"在外交领域的集中体现：将马克思主义基本原理同当今中国外交实际结合，提出一系列富有中国特色、体现时代精神的新理念、新主张、新倡议，解答世界之问、时代之问。对中华优秀传统文化创造性转化、创新性发展，在正确义利观中体现"义以为上"，在亲诚惠容理念中传承"亲仁善邻"，在新型国际关系中蕴含"协和万邦"，在人类命运共同体理念中彰显"天下为公"，新时代外交理念处处闪耀着历久弥新的文明光芒。与新中国外交优良传统既一脉相承又与时俱进，坚守独立自主的立足点，捍卫不干涉内政"黄金法则"，赋予和平发展道路等新的时代内涵，提出全球治理

命运之旗
──新时代理论创新与新征程使命任务

观、国际秩序观、安全观、文明观、生态观、人权观等原创性理念，极大丰富发展了新中国外交理论体系。对传统国际关系理论予以扬弃超越，决不走国强必霸、冷战思维、集团政治、意识形态划线的老路邪路，旗帜鲜明号召各国走人间正道，以和平发展超越冲突对抗，以共同安全取代绝对安全，以互利共赢摒弃零和博弈，以交流互鉴防止文明冲突，以绿色发展呵护地球家园。习近平外交思想赋予新时代中国外交鲜明的中国特色、中国风格、中国气派，开辟了国际关系理论与实践新境界，书写了人类政治文明进步新篇章。

"风云变幻，最需要的是战略定力；竞争激烈，最重要的是急流勇进；迎接挑战，最根本的是改革创新。"党的十八大以来，在习近平外交思想科学指引下，中国走出了一条中国特色大国外交新路，战胜了各种艰难险阻，办成了不少大事要事，取得了全方位、开创性历史成就，为服务民族复兴、促进人类进步积极担当尽责。

中国是具有悠久历史的文明大国，也是21世纪的新型大国。之所以说是新型大国，是因为当今中国与近代以来的其他大国有着显著不同。过去衡量一个大国，主要看经济实力、军事实力、政治影响力和全球事务塑造力，即块头够不够大、拳头够不够硬、自主性够不够强。中国是社会主义性质的、发展中的、有担当负责任的大国，既有政治（联合国安理会常任理事国）、经济（世界第二大经济强国）、文化（5000多年文明传承和社会主义先进文化）、军事（中国共产党绝对领导的、有信心有能力为实现中华民族伟大复兴提供战略支撑、为世界和平与发展作出更大贡献的强大武装力量）等硬实力，更有为人类谋进步、为世界谋大同的胸襟、格局、抱负和使命。中国始终坚持维护世界和平、促进共同发展的外交政策宗

五　回答世界之问："世界向何处去、人类怎么办"

旨，致力于推动构建人类命运共同体；坚定奉行独立自主的和平外交政策，始终根据事情本身的是非曲直决定自己的立场和政策，维护国际关系基本准则，维护国际公平正义；坚持在和平共处五项原则基础上同各国发展友好合作，推动构建新型国际关系，深化拓展平等、开放、合作的全球伙伴关系，致力于扩大同各国利益的汇合点；坚持对外开放的基本国策，坚定奉行互利共赢的开放战略，不断以中国新发展为世界提供新机遇，推动建设开放型世界经济，更好惠及各国人民；积极参与全球治理体系改革和建设，践行共商共建共享的全球治理观，坚持真正的多边主义，推进国际关系民主化，推动全球治理朝着更加公正合理的方向发展。

2024年6月28日，习近平总书记在和平共处五项原则发表70周年纪念大会上发表重要讲话，对构建人类命运共同体给出了新的定位，指出这是对"建设一个什么样的世界、如何建设这个世界"重大课题的时代答案，强调"构建人类命运共同体已经从中国倡议扩大为国际共识，从美好愿景转化为丰富实践，有力推动世界走向和平、安全、繁荣、进步的光明前景"。百年未有之大变局的时代，是一个充满挑战的时代，也是一个充满希望的时代，中国人民愿同世界人民携手开创人类更加美好的未来。

六

坚定历史自信，
增强历史主动

六　坚定历史自信，增强历史主动

习近平总书记在党的二十大报告中要求全党同志要"坚定历史自信，增强历史主动，谱写新时代中国特色社会主义更加绚丽的华章"。总结党的历史、学习党的历史、用好党的历史是党的十八大以来以习近平同志为核心的党中央治国理政的重要经验。中国共产党历史自信的最大底气在于我们党自成立以来始终致力于为中国人民谋幸福、为中华民族谋复兴，致力于为人类谋进步、为世界谋大同，坚持天下为公，走的是人间正道。中国共产党没有辜负历史和人民的选择，所以，"当今世界，要说哪个政党、哪个国家、哪个民族能够自信的话，那中国共产党、中华人民共和国、中华民族是最有理由自信的"。而在新的赶考之路上，我们能否继续交出优异答卷，关键在于有没有坚定的历史自信。拥有历史自信的政党，能够通过对历史进程的全面认识，对历史规律的深刻把握，对历史智慧的充分汲取，掌握推动历史前进的主动权。

1. 安不忘危，治不忘乱

历史自信不是凭空产生的，而是植根于深厚的文化土壤、形成于深刻的历史实践、仰赖于伟大的历史成就。中国共产党人的历史自信，既是对奋斗成就的自信，也是对奋斗精神的自信，是党的道路自信、理论自信、制度自信、文化自信的集大成者。

党的十九届六中全会通过的《中共中央关于党的百年奋斗重大

命运之旗
——新时代理论创新与新征程使命任务

成就和历史经验的决议》对于中国共产党百年奋斗的历史意义从五个方面作了全面系统深刻的阐述,这个历史意义,也可以说是对历史成就和历史贡献的系统总结。

一是党的百年奋斗从根本上改变了中国人民的前途命运。近代以后,中国人民深受"三座大山"压迫,被西方列强辱为"东亚病夫"。100年来,党领导人民经过波澜壮阔的伟大斗争,中国人民彻底摆脱了被欺负、被压迫、被奴役的命运,成为国家、社会和自己命运的主人,人民民主不断发展,14亿多人口实现全面小康,中国人民对美好生活的向往不断变为现实。今天,中国人民更加自信、自立、自强,极大增强了志气、骨气、底气,在历史进程中积累的强大能量充分爆发出来,焕发出前所未有的历史主动精神、历史创造精神,正在信心百倍书写着新时代中国发展的伟大历史。

二是党的百年奋斗开辟了实现中华民族伟大复兴的正确道路。近代以后,创造了灿烂文明的中华民族遭遇到文明难以赓续的深重危机,呈现在世界面前的是一派衰败凋零的景象。100年来,党领导人民不懈奋斗、不断进取,成功开辟了实现中华民族伟大复兴的正确道路。中国从四分五裂、一盘散沙到高度统一、民族团结,从积贫积弱、一穷二白到全面小康、繁荣富强,从被动挨打、饱受欺凌到独立自主、坚定自信,仅用几十年时间就走完发达国家几百年走过的工业化历程,创造了经济快速发展和社会长期稳定两大奇迹。今天,中华民族向世界展现的是一派欣欣向荣的气象,巍然屹立于世界东方。

三是党的百年奋斗展示了马克思主义的强大生命力。马克思主义揭示了人类社会发展规律,是认识世界、改造世界的科学真理。同时,坚持和发展马克思主义,从理论到实践都需要全世界的马克

六　坚定历史自信，增强历史主动

思主义者进行极为艰巨、极具挑战性的努力。100年来，党坚持把马克思主义写在自己的旗帜上，不断推进马克思主义中国化时代化，用博大胸怀吸收人类创造的一切优秀文明成果，用马克思主义中国化的科学理论引领伟大实践。马克思主义的科学性和真理性在中国得到充分检验，马克思主义的人民性和实践性在中国得到充分贯彻，马克思主义的开放性和时代性在中国得到充分彰显。马克思主义中国化时代化不断取得成功，使马克思主义以崭新形象展现在世界上，使世界范围内社会主义和资本主义两种意识形态、两种社会制度的历史演进及其较量发生了有利于社会主义的重大转变。

四是党的百年奋斗深刻影响了世界历史进程。党和人民事业是人类进步事业的重要组成部分。100年来，党既为中国人民谋幸福、为中华民族谋复兴，也为人类谋进步、为世界谋大同，以自强不息的奋斗深刻改变了世界发展的趋势和格局。党领导人民成功走出中国式现代化道路，创造了人类文明新形态，拓展了发展中国家走向现代化的途径，给世界上那些既希望加快发展又希望保持自身独立性的国家和民族提供了全新选择。党推动构建人类命运共同体，为解决人类重大问题，建设持久和平、普遍安全、共同繁荣、开放包容、清洁美丽的世界贡献了中国智慧、中国方案、中国力量，成为推动人类发展进步的重要力量。

五是党的百年奋斗锻造了走在时代前列的中国共产党。党成立时只有50多名党员，2021年已成为拥有9500多万名党员、领导着14亿多人口大国、具有重大全球影响力的世界第一大执政党。100年来，党坚持性质宗旨，坚持理想信念，坚守初心使命，勇于自我革命，在生死斗争和艰苦奋斗中经受住各种风险考验、付出巨大牺牲，锤炼出鲜明政治品格，形成了以伟大建党精神为源头的精神谱系，保持了党的先进性和纯洁性，党的执政能力和领导水平不断提高，正领导中国人民在中国特色社会主义道路上不可逆转地走向中华民族伟大复兴，无愧为伟大光荣正确的党。

这五个方面的历史意义，决定了中国共产党具有无比坚定的道路自信、理论自信、制度自信、文化自信。

中国特色社会主义道路，开拓于中国人民共同奋斗，扎根于中华大地，是给中国人民带来幸福安宁的正确道路，是实现中华民族伟大复兴的必由之路。党的十八大以来，在以习近平同志为核心的党中央坚强领导下，我们成功走出了中国式现代化道路，创造了人类文明新形态，中华民族伟大复兴展现出前所未有的光明前景，中国特色社会主义道路越走越宽广。方向决定前途，道路决定命运。我们要把命运掌握在自己手中，就要有志不改、道不变的坚定。

中国共产党为什么能，中国特色社会主义为什么好，归根到底是因为中国化时代化的马克思主义行。拥有马克思主义科学理论指导是我们党鲜明的政治品格和强大的政治优势。毛泽东讲过："我们敢想、敢说、敢做、敢为的理论基础是马列主义。"我们党从成立之日起，始终坚持以马克思主义为指导，不断推进马克思主义中国化时代化。中国特色社会主义新时代，以习近平同志为主要代表的中国共产党人坚持把马克思主义基本原理同中国具体实际相结合、同中华优秀传统文化相结合，深刻回答一系列重大时代课题，科学回答中国之问、世界之问、人民之问、时代之问，创立了习近平新时代中国特色社会主义思想。这一重要思想是当代中国马克思主义、二十一世纪马克思主义，是中华文化和中国精神的时代精华，实现了马克思主义中国化新的飞跃，为新时代推进中华民族伟大复兴历史进程提供了正确理论指引，为全党全国各族人民奋进新

六　坚定历史自信，增强历史主动

征程指明了前进方向、提供了根本遵循。我们要以更加坚定的理论自信奋进新征程，就要坚持用习近平新时代中国特色社会主义思想武装全党、教育人民，特别是要把握好习近平新时代中国特色社会主义思想的世界观和方法论，坚持好、运用好贯穿其中的立场、观点、方法，不断开辟马克思主义中国化时代化新境界。

中国特色社会主义制度是当代中国发展进步的根本制度保障，是具有鲜明中国特色、明显制度优势、强大自我完善能力的先进制度。制度优势是一个国家的最大优势，制度竞争是国家间最根本的竞争。一个国家选择什么样的国家制度和国家治理体系，是由这个国家的历史文化、社会性质、经济发展水平决定的。中国特色社会主义制度的生命力，就在于这一制度是在中国的社会土壤中生长起来的，是适合中国国情、具有鲜明中国特色的制度安排。中华民族之所以能迎来从站起来、富起来到强起来的伟大飞跃，最根本的是因为党领导人民建立和完善了中国特色社会主义制度，形成和发展了党的领导和经济、政治、文化、社会、生态文明、军事、外事等各方面制度，不断加强和完善国家治理。中国特色社会主义制度好不好、优越不优越，中国人民最清楚，也最有发言权。我们在这个重大政治问题上一定要有定力、有主见，决不能自失主张、自乱阵脚。

文化自信，是更基础、更广泛、更深厚的自信，是更基本、更深沉、更持久的力量。坚定文化自信，是事关国运兴衰、事关文化安全、事关民族精神独立性的大问题。没有高度的文化自信，没有文化的繁荣兴盛，就没有中华民族伟大复兴。一个抛弃了或者背叛了自己历史文化的民族，不仅不可能发展起来，而且很可能上演一幕幕历史悲剧。中国特色社会主义文化，源自中华民族5000多年文

命运之旗
——新时代理论创新与新征程使命任务

明历史所孕育的中华优秀传统文化,熔铸于党领导人民在革命、建设、改革中创造的革命文化和社会主义先进文化,植根于中国特色社会主义伟大实践。新时代新征程,我们要以高度的文化自信推进中华民族伟大复兴,不断提振全党全国各族人民在新的历史起点上继续推动文化繁荣、建设文化强国、建设中华民族现代文明的勇气和信心,在中国人民志气、骨气、底气不断增强的基础上,继续谱写文化兴国运兴、文化强民族强的新篇章。

在坚定历史自信的同时,我们要居安思危,不断增强忧患意识,这是掌握历史主动的重要前提。党的十八大以来,我们全面贯彻习近平新时代中国特色社会主义思想,全面贯彻党的基本路线、基本方略,采取一系列战略性举措,推进一系列变革性实践,实现一系列突破性进展,取得一系列标志性成果,经受住了来自政治、经济、意识形态、自然界等方面的风险挑战考验,党和国家事业取得历史性成就、发生历史性变革,推动我国迈上全面建设社会主义现代化国家新征程。新时代的伟大变革,在党史、新中国史、改革开放史、社会主义发展史、中华民族发展史上具有里程碑意义。

同时也要看到,全面建设社会主义现代化国家,是一项伟大而艰巨的事业,前途光明,任重道远。当前,世界百年未有之大变局加速演进,新一轮科技革命和产业变革深入发展,国际力量对比深刻调整,我国发展面临新的战略机遇。同时,世纪疫情影响深远,逆全球化思潮抬头,单边主义、保护主义明显上升,世界经济复苏乏力,局部冲突和动荡频发,全球性问题加剧,世界进入新的动荡变革期。我国改革发展稳定面临不少深层次矛盾躲不开、绕不过,党的建设特别是党风廉政建设和反腐败斗争面临不少顽固性、多发性问题,来自外部的打压遏制随时可能升级。我国发展进入战略机

六　坚定历史自信，增强历史主动

遇和风险挑战并存、不确定难预料因素增多的时期，各种"黑天鹅""灰犀牛"事件随时可能发生。

在这种情况下，面对前进道路上伟大斗争的长期性、复杂性、艰巨性，我们必须增强忧患意识，坚持底线思维，做到居安思危、未雨绸缪，准备经受风高浪急甚至惊涛骇浪的重大考验。

中华民族是饱经忧患的民族，具有深沉强烈的忧患意识。从"殷忧启圣，多难兴邦"的历史总结到"生于忧患，死于安乐"的人生哲理，从"祸兮福之所倚，福兮祸之所伏"的辩证思维到"安而不忘危，存而不忘亡，治而不忘乱"的治国之道，从"居安思危，有备无患"的理论概括到"终日乾乾，与时偕行"的行动指南，无不体现着中华民族忧患意识的精神特质。中华文明能够历经5000多年风雨洗礼而生生不息，忧患意识起到了非常关键的作用。

中国共产党是诞生于忧患、成长于忧患、壮大于忧患的政党。从大革命失败后的腥风血雨，到万里长征的重重关山，从1941年敌后抗日根据地"几乎没有衣穿，没有油吃，没有纸，没有菜，战士没有鞋袜，工作人员在冬天没有被盖"的极度困难，到1946年在敌我力量对比悬殊的情况下与国民党反动派彻底决裂，从抗美援朝的艰难决策到面对苏联压力的决不妥协，无不磨砺着党的忧患意识。新中国成立前夕，一届政协在讨论确定国歌时，有的委员对《义勇军进行曲》中"中华民族到了最危险的时候"提出不同意见，认为革命胜利，新中国即将成立，这句歌词已经过时，建议进行适当修改，有的委员还提出了具体的修改意见，建议改为"中华民族到了大翻身的时候"。对这些意见，毛泽东、周恩来一致认为，还是不改为好，保留这句歌词，提醒我们时刻保持警惕，继续进行艰苦卓绝的斗争。正是一代代中国共产党人心存忧患、肩扛重担，才团结

命运之旗
——新时代理论创新与新征程使命任务

带领中国人民不断从胜利走向新的胜利。

党的十八大以来,以习近平同志为核心的党中央把忧患意识贯穿治国理政全过程,强调"我们共产党人的忧患意识,就是忧党、忧国、忧民意识,这是一种责任,更是一种担当","越是取得成绩的时候,越是要有如履薄冰的谨慎,越是要有居安思危的忧患,绝不能犯战略性、颠覆性错误"。中国共产党人正是始终保持越是艰险越向前的大无畏气概,才有效应对了前进道路上的各种风险挑战,推动中国特色社会主义航船劈波斩浪、一往无前。新征程上,我们要继续按照习近平总书记的要求,增强机遇意识和风险意识,树立底线思维,把困难估计得更充分一些,把风险思考得更深入一些,注重堵漏洞、强弱项,下好先手棋、打好主动仗,有效防范化解各类风险挑战,确保社会主义现代化事业顺利推进。

2. 敢于斗争,善于斗争

党的十九届六中全会通过的《中共中央关于党的百年奋斗重大成就和历史经验的决议》以"十个坚持"系统总结了中国共产党百年伟大奋斗积累的十条宝贵历史经验,其中第八条为"坚持敢于斗争"。《决议》指出:敢于斗争、敢于胜利,是党和人民不可战胜的强大精神力量。党和人民取得的一切成就,不是天上掉下来的,不是别人恩赐的,而是通过不断斗争取得的。党在内忧外患中诞生、在历经磨难中成长、在攻坚克难中壮大,为了人民、国家、民族,为了理想信念,无论敌人如何强大、道路如何艰险、挑战如何严峻,党总是绝不畏惧、绝不退缩,不怕牺牲、百折不挠。只要我们

六 坚定历史自信,增强历史主动

把握新的伟大斗争的历史特点,抓住和用好历史机遇,下好先手棋、打好主动仗,发扬斗争精神,增强斗争本领,凝聚起全党全国人民的意志和力量,就一定能够战胜一切可以预见和难以预见的风险挑战。

中国共产党的历史是一部伟大斗争史,建立中国共产党、成立中华人民共和国、实行改革开放、推进新时代中国特色社会主义事业,都是在斗争中诞生、在斗争中发展、在斗争中壮大的。世界上没有哪个党像我们这样,遭遇过如此多的艰难险阻,经历过如此多的生死考验,付出过如此多的惨烈牺牲。在应对各种困难挑战中,我们党锤炼了不畏强敌、不惧风险、敢于斗争、勇于胜利的风骨和品质。这是我们党最鲜明的特质和特点。

在100多年的非凡奋斗历程中,一代又一代中国共产党人顽强拼搏、不懈奋斗,涌现了一大批视死如归的革命烈士、一大批顽强奋斗的英雄人物、一大批忘我奉献的先进模范,形成了井冈山精神、长征精神、遵义会议精神、延安精神、西柏坡精神、红岩精神、抗美援朝精神、"两弹一星"精神、特区精神、抗洪精神、抗震救灾精神、抗疫精神等伟大精神,构筑起了中国共产党人的精神谱系。"独有英雄驱虎豹,更无豪杰怕熊罴"正是中国共产党人斗争精神的真实写照。

习近平总书记指出:"我们党依靠斗争创造历史,更要依靠斗争赢得未来。"进入中国特色社会主义新时代伊始,习近平总书记就突出强调了准备进行伟大斗争的重要性。在党的十八大报告中有这样一句话:"发展中国特色社会主义是一项长期的艰巨的历史任务,必须准备进行具有许多新的历史特点的伟大斗争。"这句话是习近平同志主持报告起草工作时明确主张写进去的,他直言:

命运之旗
——新时代理论创新与新征程使命任务

"'新的历史特点'这个概念,含义是很深刻的,是全面审视和判断国内国际两个大局发展大势得出的重要判断。"

两个大局的发展大势,就是世界百年未有之大变局和中华民族伟大复兴战略全局,两个大局决定了我国发展必然面临新的战略机遇、新的战略任务、新的战略阶段、新的战略要求、新的战略环境,面临新的需要应对的风险和挑战、需要解决的矛盾和问题,这就决定了想一帆风顺推进我们的事业,想顺顺当当实现我们的奋斗目标,是不可能的。狭路相逢勇者胜,只有保持居安思危的政治清醒、坚如磐石的战略定力、勇于斗争的奋进姿态,敢于闯关夺隘、攻城拔寨,才能赢得优势、赢得主动、赢得未来。

共产党人的斗争从来不是无的放矢,不是为了斗争而斗争,也不是为了一己私利而斗争,而是有方向、有立场、有原则的。这个方向就是坚持中国共产党领导和我国社会主义制度不动摇;这个立场就是人民立场,是为了实现人民对美好生活的向往、实现中华民族伟大复兴;这个原则,就是"三个统一",即坚持增强忧患意识和保持战略定力相统一、坚持战略判断和战术决断相统一、坚持斗争过程和斗争实效相统一。从这样的方向、立场、原则出发,凡是危害中国共产党领导和我国社会主义制度的各种风险挑战,凡是危害我国主权、安全、发展利益的各种风险挑战,凡是危害我国核心利益和重大原则的各种风险挑战,凡是危害我国人民根本利益的各种风险挑战,凡是危害我国实现"两个一百年"奋斗目标、实现中华民族伟大复兴的各种风险挑战,只要来了,我们就必须进行坚决斗争,而且必须取得斗争胜利。

在伟大斗争中,我们一方面要不断增强斗争的骨气、底气,不信邪、不怕鬼,另一方面也要提高斗争本领,讲求斗争艺术,合理选择斗争方式，精妙把握斗争火候。在这方面，毛泽东为我们树立了杰出典范。他不仅斗争信念坚定，更掌握了炉火纯青的斗争艺术。一是坚持胜利原则，不斗则已，斗则必胜。他从不打无准备之仗，强调每战均须精心计划，充分准备，有准备而无取胜把握，不能称其为"有准备"。如果有优势而无准备，就不是真正的优势，也没有主动。他还强调要从最坏的情形来准备，估计到最困难、最危险、最黑暗的可能性，并把这种情况当作一切布置的出发点，提出争取胜利的办法。二是坚持适度原则，有理有利有节，积小胜为大胜。中国革命和建设的一个特点是我们长期处于力量对比上较弱的一方，因此很多时候很多问题不能企求一次性全部彻底解决，必须抓住主要矛盾和矛盾的主要方面，一次斗争解决一部分问题，积小胜为大胜，积大胜为全胜。三是坚持团结多数、孤立少数原则。毛泽东一向强调，要把自己的人搞得多多的，把敌人搞得少少的，团结朋友、孤立敌人，团结多数、孤立少数。通过深入细致的思想工作、说服工作、教育工作，结成广泛的统一战线，达到各个击破敌人的目的。四是党内斗争坚持治病救人原则。党内斗争要本着"惩前毖后，治病救人"的原则，实行"团结—批评—团结"的方针，正确运用批评与自我批评的武器，对错误一定要斗争，不能讲情面，但这种斗争不是"残酷斗争、无情打击"，更不是为了把人整死，而是为了帮助人、教育人、挽救人，是为了达到既弄清思想又团结同志这两个目的。毛泽东说："对于人的处理问题取慎重态度，既不含糊敷衍，又不损害同志，这是我们的党兴旺发达的标志之一。"

斗争本领不是与生俱来的，习近平总书记要求党员干部"要自觉加强斗争历练，在斗争中学会斗争，在斗争中成长提高，努力成为敢于斗争、善于斗争的勇士"。当前,尤其要着重从思想淬炼、历史学习和攻坚克难三个方面来增强斗争本领。

思想淬炼,就是真正掌握马克思主义的立场、观点、方法,特别是习近平新时代中国特色社会主义思想的世界观、方法论和贯穿其中的立场、观点、方法,用以观察问题、分析问题、解决问题。恩格斯说过:"马克思的整个世界观不是教义,而是方法。它提供的不是现成的教条,而是进一步研究的出发点和供这种研究使用的方法。"马克思主义立场、观点、方法是指导我们认识世界、改造世界的强大思想武器,是共产党人的看家本领,是共产党人赢得斗争胜利的传家宝。与时俱进是马克思主义的理论品质。在当代中国,坚持马克思主义的立场、观点、方法,最首要、最直接的任务是学习好、掌握好、运用好习近平新时代中国特色社会主义思想的立场、观点、方法。党的二十大把习近平新时代中国特色社会主义思想的立场、观点、方法概括为"六个必须坚持":必须坚持人民至上、必须坚持自信自立、必须坚持守正创新、必须坚持问题导向、必须坚持系统观念、必须坚持胸怀天下。"六个必须坚持"是一个系统完备、逻辑严密的有机整体,体现了习近平新时代中国特色社会主义思想的核心要求。只有遵循这些立场、观点、方法,我们才能不断提高战略思维能力,在时代大潮中认清斗争趋势;才能不断提高历史思维能力,汲取前人斗争智慧;才能不断提高辩证思维能力,把握斗争主动;才能不断提高系统思维能力,驾驭斗争全局;才能不断提高创新思维能力,抢占斗争先机;才能不断提高法治思维能力,增强斗争实效;才能不断提高底线思维能力,化解斗争风险。

历史学习,就是树立大历史观和正确党史观,善于从历史中汲

六 坚定历史自信，增强历史主动

取斗争经验和智慧。通过学习，总结历史经验教训，树立历史思维，以马克思主义基本原理分析把握历史大势，从历史长河、时代大潮、全球风云中分析演变机理、探究历史规律，提出因应的战略策略，增强工作的系统性、预见性、创造性，着眼于解决党的建设的现实问题，不断提高党的领导水平和执政水平、增强拒腐防变和抵御风险能力。党的历史就是一座充满斗争智慧的宝库，包含着一整套关于斗争经验的优良传统和好做法，但党的历史中蕴含的智慧与力量不会自己跑到我们脑子里来，需要积极主动地学习、研究、鉴别、运用，读懂历史发展的内在逻辑，掌握历史前进的深层密码，才会有水落石出、拨云见日的惊喜。

攻坚克难，就是在实践中增长斗争才干。"刀在石上磨，人在事上练"，越是困难大、矛盾多的地方，越是形势严峻、情况复杂的时候，越能练胆魄、磨意志、长才干。1973年4月，毛泽东在会见外国客人时谈到自己的经历："我是一个教书的，教小学的，一不知道马克思，二不知道打仗。这就是环境逼使人，不以我的意志办事。那个环境逼得我去看马克思的书，去打仗。"从书生意气、挥斥方遒的知识分子，到井冈山的"山大王"，毛泽东"在战争中学习战争，在实践中增长才干"，他在战争实践中练就了炉火纯青、出神入化的军事指挥艺术，创造了中外军事史上一个个以少胜多、以弱胜强的奇迹，成为伟大的军事家。习近平总书记强调："干部成长无捷径可走，经风雨、见世面才能壮筋骨、长才干。"他多次讲过西晋王衍虚谈废务的故事。王衍舌辩滔滔、无人能及，但崇尚空谈，不通实务，石勒起兵进犯洛阳，王衍领军前去讨伐，结果兵败，后被石勒派人杀死。临死前王衍哀叹，如果自己平时不是追求虚浮，而是努力做事，也不至于到这个地步。新征程上，改革发展稳定、内

命运之旗
——新时代理论创新与新征程使命任务

政外交国防、治党治国治军的方方面面,都有很多复杂矛盾,有很多硬骨头,只有在斗争中反复锤炼,才能提高斗争本领。

我们现在所处的,是一个船到中流浪更急、人到半山路更陡的时候,是一个愈进愈难、愈进愈险而又不进则退、非进不可的时候。习近平总书记指出,"全党必须清醒认识前进道路上进行伟大斗争的长期性、复杂性、艰巨性"。我们面临的各种斗争不是短期的而是长期的,至少要伴随实现第二个百年奋斗目标全过程。我们要发扬历史主动精神,在机遇面前主动出击,不犹豫、不观望;在困难面前迎难而上,不推诿、不逃避;在风险面前积极应对,不畏缩、不躲闪,主动识变应变求变,主动防范化解风险,在破解矛盾问题中推动党和国家事业取得更大进展。

3. 在把握历史规律中掌握历史主动

古罗马哲学家西塞罗曾用诗一般的语言写道:历史,是时代的见证、真理的火炬、记忆的生命、生活的老师和古人的使者。而俄国作家车尔尼雪夫斯基则这样描述他认为的历史:"历史的道路不是涅瓦大街上的人行道,它完全是在田野中前进的,有时穿过尘埃,有时穿过泥泞,有时横渡沼泽,有时行经丛林。"

无论是火炬照亮征程,还是道路崎岖难行,历史的车轮总是滚滚向前。而这种前行并不是随心所欲的,不是自发自生的,不是漫无边际的。

马克思主义认为,历史发展是有规律的。1883年3月14日马克思在英国伦敦逝世。3月17日,在伦敦城北的海格特公墓举行的葬

六 坚定历史自信,增强历史主动

礼上,恩格斯发表了讲话,他说:"正像达尔文发现有机界的发展规律一样,马克思发现了人类历史的发展规律,即历来为繁芜丛杂的意识形态所掩盖着的一个简单事实:人们首先必须吃、喝、住、穿,然后才能从事政治、科学、艺术、宗教等等;所以,直接的物质的生活资料的生产,从而一个民族或一个时代的一定的经济发展阶段,便构成基础,人们的国家设施、法的观点、艺术以至宗教观念,就是从这个基础上发展起来的,因而,也必须由这个基础来解释,而不是像过去那样做得相反。"马克思把人类历史的前提落实到物质资料生产上,并对物质资料的生产过程进行深入研究,从中发现了资本主义生产方式的特殊规律,即剩余价值规律,进而揭示了资本主义剥削的秘密和资本主义生产方式的本质。这个规律的发现,使无产阶级看清了现代资本主义的运行方式、内在矛盾、发展趋势。

认识并把握历史发展规律,是掌握历史主动的前提。毛泽东曾经深刻指出:"应当从客观存在着的实际事物出发,从其中引出规律,作为我们行动的向导。"中国共产党的思想路线是"实事求是",就是从客观存在着的事物中探求其规律性。历史发展规律是历史发展进程中内在的、本质的、必然的、不以人的意志为转移的联系,决定了历史发展的方向和趋势。这个规律蕴含着中国共产党过去为什么成功、今后怎样继续成功的奥秘。我们党是高度重视发现、认识、总结和把握历史规律的。党的三个历史决议,就分别代表了党对中国新民主主义革命规律、中国社会主义建设和改革规律、中国特色社会主义新时代发展规律的深刻总结。

从鸦片战争失败那时起,先进的中国人经过千辛万苦,找到了马克思主义这个真理,建立了中国共产党,领导人民开始了为民族

命运之旗
——新时代理论创新与新征程使命任务

独立和人民解放而斗争的伟大社会革命。但是，这个革命的性质究竟是什么？革命对象是谁？革命任务有哪些？革命动力在何处？革命前途到底如何？这些问题，归结到底，就是中国革命的规律是什么。回答不好这个问题，是不能领导革命走向胜利的。毛泽东曾很坦率地讲过："如果有人说，有哪一位同志，比如说中央的任何同志，比如说我自己，对于中国革命的规律，在一开始的时候就完全认识了，那是吹牛，你们切记不要信，没有那回事。过去，特别是开始时期，我们只是一股劲儿要革命，至于怎么革法，革些什么，哪些先革，哪些后革，哪些要到下一阶段才革，在一个相当长的时间内，都没有弄清楚，或者说没有完全弄清楚。"在大革命、土地革命战争和抗日战争的实践中，经过胜利和挫折的双重磨炼后，特别是经过延安整风这场全党的马克思主义思想教育，党对于中国革命规律的认识，才真正成熟起来。党的六届七中全会通过的《关于若干历史问题的决议》，从政治上、军事上、组织上、思想上对于中国革命规律进行了全面分析和揭示。在政治上，认识到中国现阶段革命的性质，是无产阶级领导的、以工人农民为主体而有其他广大社会阶层参加的、反帝反封建的革命，即是既区别于旧民主主义又区别于社会主义的新民主主义的革命；中国新民主主义革命的发展具有极大的不平衡性，革命在全国的胜利不能不经历长期的曲折的斗争；这一斗争能广泛地利用敌人的矛盾，在敌人的统治比较薄弱的广大地区首先建立和保持武装的革命根据地。这是为中国革命实践所证明的中国革命的基本特点和基本规律。在军事上，认识到在中国革命的现阶段，军事斗争是政治斗争的主要形式。党领导的军队必须是服从于无产阶级思想领导的、服务于人民斗争和根据地建设的工具；革命战争必须在承认敌强我弱、敌大我小的条件下，

六　坚定历史自信，增强历史主动

充分地利用敌之劣点与我之优点，充分地依靠人民群众的力量，以求得生存、胜利和发展。在组织上，认识到党的政治路线需要服务于它的组织路线来保证，把党的建设提到了思想原则和政治原则的高度，坚持无产阶级思想的领导，反对单纯军事观点、主观主义、个人主义、平均主义、流寇思想、盲动主义等错误倾向；坚持严格的民主集中制，既反对不正当地限制民主，也反对不正当地限制集中；坚持真理的原则性和服从组织的纪律性相结合，坚持正确地进行党内斗争和正确地保持党内团结相结合。在思想上，认识到一切政治路线、军事路线和组织路线都要从马克思列宁主义的辩证唯物论和历史唯物论出发，从中国革命的客观实际和中国人民的客观需要出发，着重于应用马克思列宁主义的普遍真理来研究和解决中国革命的各种实际问题。

1981年党的十一届六中全会通过的《关于建国以来党的若干历史问题的决议》，运用马克思主义的辩证唯物论和历史唯物论，对新中国成立32年间党的重大历史事件特别是"文化大革命"作出了正确的总结，科学地分析了在这些事件中党的指导思想的正确和错误，分析了产生错误的主观因素和社会原因，实事求是地评价了毛泽东在中国革命中的历史地位，充分论述了毛泽东思想作为党的指导思想的伟大意义，肯定了党的十一届三中全会以来逐步确立的适合我国情况的建设社会主义现代化强国的正确道路，进一步指明了我国社会主义事业和党的工作继续前进的方向。决议从十个方面总结了中国社会主义建设和改革的规律性认识：（1）在社会主义改造基本完成以后，我国所要解决的主要矛盾，是人民日益增长的物质文化需要同落后的社会生产之间的矛盾。党和国家工作的重点必须转移到以经济建设为中心的社会主义现代化建设上来，大大发展社

命运之旗
——新时代理论创新与新征程使命任务

会生产力,并在这个基础上逐步改善人民的物质文化生活。(2)社会主义经济建设必须从我国国情出发,量力而行,积极奋斗,有步骤分阶段地实现现代化的目标。(3)社会主义生产关系的变革和完善必须适应于生产力的状况,有利于生产的发展。(4)在剥削阶级作为阶级消灭以后,阶级斗争已经不是主要矛盾。由于国内的因素和国际的影响,阶级斗争还将在一定范围内长期存在,在某种条件下还有可能激化。既要反对把阶级斗争扩大化的观点,又要反对认为阶级斗争已经熄灭的观点。(5)逐步建设高度民主的社会主义政治制度,是社会主义革命的根本任务之一。(6)社会主义必须有高度的精神文明。(7)改善和发展社会主义的民族关系,加强民族团结,这对于我们这个多民族国家具有重大意义。(8)在战争危险依然存在的国际条件下,必须加强现代化的国防建设。国防建设要同国家的经济建设相适应。(9)在对外关系上,必须继续坚持反对帝国主义、霸权主义、殖民主义和种族主义,维护世界和平。(10)必须把我们党建设成为具有健全的民主集中制的党。

党的十九届六中全会通过的《中共中央关于党的百年奋斗重大成就和历史经验的决议》,在党成立100周年的重要历史时刻,在党和人民胜利实现第一个百年奋斗目标、全面建成小康社会,正在向着全面建成社会主义现代化强国的第二个百年奋斗目标迈进的重大历史关头,全面总结党的百年奋斗重大成就和历史经验,重点总结新时代党和国家事业取得的历史性成就、发生的历史性变革和积累的新鲜经验,概括了具有根本性和长远指导意义的十条历史经验,即坚持党的领导、坚持人民至上、坚持理论创新、坚持独立自主、坚持中国道路、坚持胸怀天下、坚持开拓创新、坚持敢于斗争、坚持统一战线、坚持自我革命。这十条历史经验是系统完整、相互贯

六　坚定历史自信，增强历史主动

通的有机整体，揭示了党和人民事业不断成功的根本保证，揭示了党始终立于不败之地的力量源泉，揭示了党始终掌握历史主动的根本原因，揭示了党永葆先进性和纯洁性、始终走在时代前列的根本途径。具体来说，党的领导是中国特色社会主义最本质的特征，中国共产党是领导我们事业的核心力量，治理好我们这个世界上最大的政党和人口最多的国家，必须坚持党的全面领导，特别是党中央集中统一领导；人民至上是中国共产党的根本理念，党的最大政治优势是密切联系群众，党的根本宗旨是全心全意为人民服务，江山就是人民，人民就是江山；理论创新是马克思主义永葆生机活力的奥妙所在，必须坚持把马克思主义基本原理同中国具体实际相结合、同中华优秀传统文化相结合，坚持实践是检验真理的唯一标准，坚持一切从实际出发，及时回答时代之问、人民之问，不断推进马克思主义中国化时代化；独立自主是中华民族精神之魂，是我们立党立国的重要原则，国家和民族发展要放在自己力量的基点上，中国的事情必须由中国人民自己做主张、自己来处理；中国道路是实现中华民族伟大复兴的正确之路、必由之路，只要我们既不走封闭僵化的老路，也不走改旗易帜的邪路，坚定不移走中国特色社会主义道路，就一定能够把我国建设成为富强民主文明和谐美丽的社会主义现代化强国；胸怀天下是中国共产党人的高尚情怀，党始终以世界眼光关注人类前途命运，从人类发展大潮流、世界变化大格局、中国发展大历史正确认识和处理同外部世界的关系，坚持开放、不搞封闭，坚持互利共赢、不搞零和博弈，坚持主持公道、伸张正义，站在历史正确的一边，站在人类进步的一边；开拓创新是党的事业发展前进的不竭动力，党领导人民不断推进理论创新、实践创新、制度创新、文化创新以及其他各方面创新，才能走出前

命运之旗
——新时代理论创新与新征程使命任务

人没有走出的路，才能战胜各种艰难险阻；敢于斗争是党和人民不可战胜的强大精神力量，我们党在内忧外患中诞生、在历经磨难中成长、在攻坚克难中壮大，总是绝不畏惧、绝不退缩，不怕牺牲、百折不挠；统一战线是党克敌制胜的重要法宝，也是党执政兴国的重要法宝；自我革命是中国共产党最鲜明的品格，是中国共产党区别于其他政党的显著标志，我们党历经百年沧桑更加充满活力，其奥秘就在于始终坚持真理、修正错误。

党的十九届六中全会概括的十条宝贵历史经验，体现了新时代我们党对共产党执政规律、社会主义建设规律、人类社会发展规律认识深化和理论创新的重大成果，对推动全党进一步统一思想、统一意志、统一行动，团结带领全国各族人民夺取新时代中国特色社会主义新的伟大胜利，具有重大现实意义和深远历史意义，我们必须倍加珍惜，长期坚持。

习近平总书记指出："历史发展有其规律，但人在其中不是完全消极被动的。只要把握住历史发展规律和大势，抓住历史变革时机，顺势而为，奋发有为，我们就能够更好前进。"发挥好人的主观能动性，正确把握历史规律是非常重要的。历史的表象往往错综复杂，众彩纷呈，其中有些反映本质，可以引出规律，有些则是历史的偶然或曲折，并不能必然导出规律性的认识。在社会主义革命和建设中，面对新事物，遇到不同意见甚至反对意见，出现争论甚至争吵，都是正常的，但我们应当永远记住列宁说的话："如果不是从整体上、不是从联系中去掌握事实，如果事实是零碎的和随意挑出来的，那么它们就只能是一种儿戏，或者连儿戏也不如。"

我们党在百年奋斗中，始终以马克思主义基本原理认识历史发展规律，分析把握历史大势，抓住和用好各种历史机遇。所谓时代

六　坚定历史自信，增强历史主动

潮流浩浩荡荡，顺之者昌，逆之者亡，体现的就是正确认识历史前进的方向，善于抓住和用好各种历史机遇。历史上中华民族曾经一再丧失历史机遇，大航海时代、第一次工业革命、变法图强等一次次历史机遇都与我们擦肩而过，留下了多少遗恨。在当代中国的发展中，能否抓住历史机遇，不仅是一个关系到中国式现代化建设速度快慢的问题，而且是一个关系到我国能否在中国特色社会主义道路上实现中华民族伟大复兴的重大问题。

百年未有之大变局，也同时蕴含着百年未有之大机遇和百年未有之大挑战，抓住机遇，战胜挑战，中国特色社会主义将立于不败之地，中华民族伟大复兴事业将势不可挡。看到了历史机遇并不等于能够抓住它。所谓"机不可失，时不再来"，讲的就是历史机遇具有一去不复返的不可逆性。我们要树立抓住机遇是能人、浪费机遇是庸人、丧失机遇是罪人的机遇观，增强紧迫感，善于从历史长河、时代大潮、全球风云中分析演变机理、探究历史规律，提出因应的战略策略，增强工作的系统性、预见性、创造性，因势利导、顺势而为。

七

以新的伟大奋斗创造新的历史伟业

七　以新的伟大奋斗创造新的历史伟业

1. 深刻把握"两个确立",坚决做到"两个维护"

2016年10月,党的十八届六中全会正式提出"以习近平同志为核心的党中央"重大政治命题,强调"一个国家、一个政党,领导核心至关重要。全党必须自觉在思想上政治上行动上同党中央保持高度一致。党的各级组织、全体党员特别是高级干部都要向党中央看齐,向党的理论和路线方针政策看齐,向党中央决策部署看齐,做到党中央提倡的坚决响应、党中央决定的坚决执行、党中央禁止的坚决不做","坚决维护党中央权威、保证全党令行禁止,是党和国家前途命运所系,是全国各族人民根本利益所在,也是加强和规范党内政治生活的重要目的",号召全党同志"紧密团结在以习近平同志为核心的党中央周围","牢固树立政治意识、大局意识、核心意识、看齐意识,坚定不移维护党中央权威和党中央集中统一领导"。

2017年党的十九大首次概括了"习近平新时代中国特色社会主义思想",指出这一思想"是对马克思列宁主义、毛泽东思想、邓小平理论、'三个代表'重要思想、科学发展观的继承和发展,是马克思主义中国化最新成果,是党和人民实践经验和集体智慧的结晶,是中国特色社会主义理论体系的重要组成部分,是全党全国人民为实现中华民族伟大复兴而奋斗的行动指南,必须长期坚持并不断发展",并将其写入党章作为党必须长期坚持的指导思想。

2021年党的十九届六中全会通过的《中共中央关于党的百年奋斗重大成就和历史经验的决议》明确指出:"党确立习近平同志党

命运之旗
——新时代理论创新与新征程使命任务

中央的核心、全党的核心地位,确立习近平新时代中国特色社会主义思想的指导地位,反映了全党全军全国各族人民共同心愿,对新时代党和国家事业发展、对推进中华民族伟大复兴历史进程具有决定性意义。"

"两个确立"是深刻总结党的百年奋斗、深刻总结党的十八大以来伟大实践得出的重大历史结论,是党的十八大以来最重要的政治成果,体现了全党共同意志,反映了人民共同心声。"两个确立"的提出,对于全党全国各族人民在新征程上更加紧密地团结在以习近平同志为核心的党中央周围、全面贯彻习近平新时代中国特色社会主义思想、奋力推进中华民族伟大复兴的历史进程,具有十分重要的现实意义和十分深远的历史意义。

"两个确立"体现了一个成熟政党的理论自觉,是依据历史唯物主义的两个基本原理作出的必然选择:一个是人民群众是历史的创造者,同时又承认个人对社会发展的影响甚至是重大影响的原理;另一个是社会存在决定社会意识、社会意识反作用于社会存在的原理。

唯物史观认为人民群众是历史的创造者,是社会变革的决定性力量。这与资产阶级学者认为英雄或精英阶层是历史的创造者是根本对立的。例如,英国19世纪著名史学家卡莱尔在《论英雄、英雄崇拜和历史上的英雄业绩》中写道:"我们所见到的世界上存在的一切成就,本是来到世界上的伟人的内在思想转化为外部物质的结果,也是他们思想的实际体现和具体化。"对于这样的观点,恩格斯深刻指出:"恰巧拿破仑这个科西嘉人做了被本身的战争弄得精疲力竭的法兰西共和国所需要的军事独裁者,这是个偶然现象。但是假如没有拿破仑这个人,那么他的角色就会由另一个人来扮演。"

七　以新的伟大奋斗创造新的历史伟业

同时，唯物史观也认为，在推动历史前进的过程中，每个人发挥的作用是不同的，有的大些，有的小些，有的是决定性作用，有的则是辅助作用。伟大的、杰出的、富有远见卓识的历史人物往往能够发挥引领方向、推动加速、在关键时刻甚至一锤定音的作用。所以马克思很赞成法国唯物主义哲学家爱尔维修的一个观点并引用道："如爱尔维修所说的，每一个社会时代都需要有自己的大人物，如果没有这样的人物，它就要把他们创造出来。"列宁也说过类似的观点："历史早已证明，伟大的革命在其斗争过程中会造就伟大的人物，使过去看来不可能发挥的才能发挥出来。"如果不能"造就一批有经验、有极高威望的党的领袖"，"无产阶级专政、无产阶级的'意志统一'就只能是一句空话"。列宁还从政党学说的角度强调政党领袖的重要作用："在通常情况下，在多数场合，至少在现代的文明国家内，阶级是由政党来领导的；政党通常是由最有威信、最有影响、最有经验、被选出担任最重要职务而称为领袖的人们所组成的比较稳定的集团来主持的。"

毛泽东和邓小平从中国革命、建设和改革的斗争实践中深刻总结了领导人的作用。毛泽东强调："实行一元化的领导很重要，要建立领导核心，反对'一国三公'。"邓小平强调："任何一个领导集体都要有一个核心，没有核心的领导是靠不住的。"简单地说，如果没有领导核心，党就难以发挥自身的组织性和纪律性的优势，难以成为一个具有强大凝聚力的整体，难以起到动员、教育、组织人民群众的领导作用。

党的十八大以来这些年在党和国家事业发展进程中极不寻常、极不平凡。党面临形势环境的复杂性和严峻性、肩负任务的繁重性和艰巨性世所罕见、史所罕见。面对当今世界百年未有之大变局，

命运之旗
——新时代理论创新与新征程使命任务

面对错综复杂的国内外风险挑战，习近平总书记以马克思主义政治家、战略家的胆略，高瞻远瞩、统揽全局、运筹帷幄、指挥若定，谋划国内外大局，推进改革发展稳定、内政外交国防、治党治国治军工作，领导全党全国各族人民抓住机遇、攻坚克难，作出一系列重大科学判断，提出一系列重大战略策略，推动一系列重大工作，领导全党全国各族人民进行具有许多新的历史特点的伟大斗争，全面建成小康社会目标如期实现，党和国家事业取得历史性成就、发生历史性变革，彰显了中国特色社会主义的强大生机活力，党心军心民心空前凝聚振奋，为实现中华民族伟大复兴提供了更为完善的制度保证、更为坚实的物质基础、更为主动的精神力量。中国共产党和中国人民以英勇顽强的奋斗向世界庄严宣告，中华民族迎来了从站起来、富起来到强起来的伟大飞跃。习近平总书记展现了共产党人坚定的理想信念、人民领袖深切的为民情怀、强烈的使命担当、崇高的人格风范、马克思主义政治家高超的政治领导艺术。实践证明，确立习近平同志党中央的核心、全党的核心地位，是中国共产党坚持马克思主义唯物史观、主动把握历史发展规律的生动体现，是历史和人民的选择。

　　确立习近平新时代中国特色社会主义思想的指导地位，是唯物史观中社会意识对社会存在具有反作用原理的当代运用。科学理论作为对客观世界和人类社会发展规律的正确揭示，是认识世界、解释世界、改造世界的思想武器。以习近平同志为主要代表的中国共产党人，坚持把马克思主义基本原理同中国具体实际相结合、同中华优秀传统文化相结合，坚持毛泽东思想、邓小平理论、"三个代表"重要思想、科学发展观，深刻总结并充分运用党成立以来的历史经验，从新的实际出发，创立了习近平新时代中国特色社会主义

七 以新的伟大奋斗创造新的历史伟业

思想。习近平新时代中国特色社会主义思想是当代中国马克思主义、二十一世纪马克思主义，是中华文化和中国精神的时代精华，实现了马克思主义中国化新的飞跃。

伟人之所以伟大，最根本的是伟人能够发现并解决他所处时代必须解决的最重大问题，担负时代赋予他的历史责任。历史的发展是连续的，在连续中又有不同的阶段，是连续性与阶段性的统一。在绵延不绝的历史长河里，不同的阶段有自己的特点和任务，与此对应，一代人有一代人的使命和担当。黑格尔说过："他们之所以为伟大的人物，正因为他们主持了和完成了某种伟大的东西；不仅仅是一个单纯的幻想、一种单纯的意向，而是对症下药适应了时代需要的东西。"习近平总书记对关系新时代党和国家事业发展的一系列重大理论和实践问题进行了深邃思考和科学判断，就新时代坚持和发展什么样的中国特色社会主义、怎样坚持和发展中国特色社会主义，建设什么样的社会主义现代化强国、怎样建设社会主义现代化强国，建设什么样的长期执政的马克思主义政党、怎样建设长期执政的马克思主义政党等重大时代课题，提出一系列原创性的治国理政新理念新思想新战略。新时代之所以"新"，不仅"新"在新的历史方位和新的发展阶段、新的社会主要矛盾和新的中心任务上，而且"新"在对新的重大时代课题的准确把握与科学回答上。科学理论的价值就在于回答时代课题，推动实践发展。习近平总书记指出："一切划时代的理论，都是满足时代需要的产物。"开辟马克思主义中国化时代化新境界是当代中国共产党人的庄严历史责任。习近平新时代中国特色社会主义思想全面系统地指明了解决当今时代重大课题的科学理念、有效对策，让当代中国马克思主义、二十一世纪马克思主义展现出更为强大、更有说服力的真理力量。

命运之旗
——新时代理论创新与新征程使命任务

做到"两个维护",是具体的不是抽象的。真正做到"两个维护",关键在立于心、践于行,达到"知行合一"。在思想认同、政治认同、理论认同、情感认同的基础上,真正把"两个维护"变成思想自觉、行动自觉、纪律要求,对党中央重大决策部署和习近平总书记重要指示批示必须坚定执行,做到党中央提倡的坚决响应、党中央决定的坚决照办、党中央禁止的坚决杜绝,不打折扣,不搞变通,不要小聪明,不做小动作。

"两个维护"的内涵是特定的、统一的。维护习近平总书记核心地位,对象是习近平总书记而不是其他任何人;维护党中央权威和集中统一领导,对象是党中央而不是其他任何组织。维护习近平总书记核心地位,就是维护党中央权威和集中统一领导;维护党中央权威和集中统一领导,首先要维护习近平总书记核心地位。核心只有党中央的核心,看齐只能向党中央看齐。决不能层层讲"核心"、层层喊"看齐"。有的人大谈什么"省委要向中央看齐,市委要向省委看齐,你们要向市委看齐",还有的党委主要领导借口发挥党组织领导核心和战斗堡垒作用,狂妄地把自己看作本级党委的核心,甚至明确要求维护自己的权威。这些都是典型的牵强附会、阳奉阴违。党章规定:"坚定维护以习近平同志为核心的党中央权威和集中统一领导","党必须按照总揽全局、协调各方的原则,在同级各种组织中发挥领导核心作用"。这里很明确,强调的是全党只有一个核心,就是习近平总书记,其他同级各种组织中的领导核心作用都是由党的组织承担的,是党委(党支部)发挥领导核心作用,而不是党委(党支部)的某一个成员成为核心。如果变相地层层称"核心",级级树"核心",势必导致各自为政,一盘散沙,嘴里喊"两个维护",实际上是一个维护,就是维护自己的权威,发

七　以新的伟大奋斗创造新的历史伟业

展下去就会形成一个个小的"独立王国",这对党和人民的事业之危害是难以估量的,对这类闹剧、丑剧必须坚决制止。

做到"两个维护",从根本上讲就是要做到对党忠诚。忠诚不能只停留在口头表态上,而要体现在坚决贯彻以习近平同志为核心的党中央的决策部署的行动上。任何时候、任何情况下都要坚持同党中央保持高度一致,在党中央统一指挥的合奏中形成和声,决不能各吹各的号、各唱各的调;任何时候、任何情况下都要坚持以党的旗帜为旗帜、以党的方向为方向、以党的意志为意志,绝不能自己另立旗帜,或者在中央的大旗下自己偷偷摇小旗、打小算盘,要时常与党中央的要求对标对表,及时校正偏差。

做到"两个维护",要有维护的本领和能力。要能够在自己的岗位上切实贯彻好党中央确定的路线方针政策,真正做到履职尽责,担当作为。习近平总书记强调:"全党同志特别是各级领导干部要有本领不够的危机感,以时不我待的精神,一刻不停增强本领。只有全党本领不断增强了,'两个一百年'奋斗目标才能实现,中华民族伟大复兴的中国梦才能梦想成真。"如果连做好本职工作的本事都不具备,哪里还谈得上"两个维护"?面对百年未有之大变局,面对日新月异的改革发展形势,面对层出不穷的新问题,各级党员干部都要勤于学、敏于思、躬于行,坚持博学之、审问之、慎思之、明辨之、笃行之,以学益智,以学修身,以学增才,加快知识更新,优化知识结构,拓宽眼界和视野,着力避免陷入少知而迷、不知而盲、无知而乱的困境,着力克服本领不足、本领恐慌、本领落后的问题。

2. 团结奋斗，一起向未来

《习近平谈治国理政》第四卷的最后一篇，题目为《团结就是力量，奋斗开创未来》，这是他在2022年春节团拜会上的讲话的一部分。在这篇讲话中，习近平总书记提出了一个极为重要的论断："团结奋斗是中国共产党和中国人民最显著的精神标识。"

为什么说团结奋斗是中国人民最显著的精神标识？因为中国人民是具有伟大团结精神的人民，中华民族是休戚与共、荣辱与共、生死与共、命运与共的共同体，中国人民从亲身经历中深刻认识到，团结就是力量，团结才能前进，一个四分五裂的国家不可能发展进步。

为什么说团结奋斗是中国共产党最显著的精神标识？因为100多年来中国共产党领导人民取得的一切成就，都是团结奋斗的结果。

中国很多老话，讲的都是团结的重要性，比如"一个篱笆三个桩，一个好汉三个帮"、"人心齐，泰山移"、"聚沙成塔，集腋成裘"、"单丝不成线，独木不成林"、"上下同欲者胜"、"人聚则强，人散则弱；同心合意，庶几有成"、"千人同心，则得千人力；万人异心，则无一人之用"，等等。这些老话，彰显的是中华民族对团结的深刻感悟，凝结的是中华民族对如何做到团结的高超智慧。作为中华优秀传统文化的继承者和弘扬者，中国共产党在团结问题上深受滋养，深得精髓。

大家都知道轰轰烈烈的大革命，知道北伐战争推翻了北洋军阀

七　以新的伟大奋斗创造新的历史伟业

的反动统治，可很多人可能不知道这场大革命和北伐战争的思想源头。它们源于中国共产党成立的第二年，1922年6月15日，中共中央发表《中国共产党对于时局的主张》。这份文件明确指出："军阀政治是中国内忧外患的源泉，也是人民受痛苦的源泉，若没有较新的政治组织——即民主政治，来代替现在的不良政治组织——即军阀政治，这样状况是必然要继续下去的。"怎样才能结束军阀政治呢？文件提出："无产阶级在目前最切要的工作，还应该联络民主派共同对封建式的军阀革命，以达到军阀覆灭能够建设民主政治为止。""中国共产党的方法，是要邀请国民党等革命的民主派及革命的社会主义各团体开一个联席会议，在上列原则的基础上共同建立一个民主主义的联合战线，向封建式的军阀继续战争；因为这种联合战争，是解放我们中国人受列强和军阀两重压迫的战争，是中国目前必要的不可免的战争。"也就是说，要用革命战争的手段推翻帝国主义支持的军阀统治，就必须团结革命的民主派及革命的社会主义各团体。当时国内革命的民主派中力量最大的是孙中山领导的国民党，1923年6月，党的三大在广州召开，决定以国共合作实现国民革命的目标。

　　孙中山领导的国民党虽然是一支进步力量，但有两个致命的不足：一是总寄希望于外国列强的援助，殊不知，列强的本性是帝国主义，是不会允许中国走向民族自决自强的，寄希望于他们无异于与虎谋皮；二是把主要精力用在怎样掌握军队上，不会做群众工作，不善于从政治上动员和争取群众，而没有群众支持，单靠军事斗争是不可能胜利的。与之对比，中国共产党有自己的政治优势，有领导和唤起群众的能力，但毕竟才成立不久，力量还比较弱小，面对具有强大军事和经济实力的封建军阀，要单靠自己去打倒它们

命运之旗
——新时代理论创新与新征程使命任务

还力有不逮。中国共产党与中国国民党的合作，发挥了各自的优势，形成了一加一远大于二的合力。随后两党共同领导的大革命浪潮汹涌澎湃，北伐进军势如破竹，这就是团结的力量。

国民党右派背叛革命，大革命以失败告终。共产党人被迫拿起武器，独立领导土地革命战争。弱小的武装力量面对的是国民党反动派、帝国主义、地主阶级和买办资产阶级联合的反动势力，要生存下去，何其艰难！1927年秋天，毛泽东领导秋收起义失利后的剩余部队，进军井冈山，准备在湘赣边界这片地势险要的地方建立革命根据地。

但这片地方并非"无主之地"，已经有袁文才和王佐两支农民武装在此割据。王佐是当地裁缝出身，因不堪豪绅欺压，拉起队伍占山为王，杀富济贫，与当地土豪劣绅斗争，井冈山上的大小五井（五个小盆地）是他的地盘；袁文才上过中学，在大革命时期加入了中国共产党，他领导的农民自卫军在大革命失败后占据井冈山茅坪一带。王、袁二人结拜为兄弟，互相支援，国民党曾派兵来此追剿过，无功而返。

毛泽东领导的起义军要想在这里站稳脚跟，必然有一个怎么对待袁文才、王佐的问题。这两人的队伍无论人数、装备和战斗力，都无法与起义军相比，二人虽然同意支持起义军一些粮草，但并不愿意他们在这里常驻不走。面对袁文才、王佐的推脱搪塞，起义军的一些干部提出，干脆直接武力解决，就他们那几百人、几十条枪，工农革命军一个冲锋就解决问题了。但是，毛泽东不同意这样做，在他看来，这不是几百人、几十条枪的问题，而是一个党的政策问题，如果能够争取他们加入革命队伍，加以改造，变成革命武装，不仅可以壮大自己的力量，更重要的是将起到极大示范作用，

七　以新的伟大奋斗创造新的历史伟业

表明共产党是愿意团结一切可以团结的力量的，这个影响将是巨大的。毛泽东耐心说服了内部的不同意见，提议亲自去见袁文才，并送一百支步枪作为"见面礼"。毛泽东和袁文才见面后，相谈甚欢，从上午一直谈到傍晚，以真诚的态度赢得了袁文才等人的信任。在袁文才的说服下，王佐也表示欢迎工农革命军进驻井冈山。1927年10月7日，工农革命军进驻茅坪，不久陆续上山，进驻山上的大井和茨坪等地。从1927年10月到1928年2月，以井冈山为中心的茶陵、遂川、宁冈三县红色政权相继成立，中国第一个农村革命根据地初具规模。

抗日战争胜利前夕，党在延安召开七大，这时距1928年召开的党的六大已经过去了17年。17年里，党的状况、中国革命的状况都发生了很大变化，怎么才能把大会开好呢？毛泽东提出：团结一致，争取胜利，这就是开好七大的方针。这个方针简单地讲，就是4个字：团结、胜利。

党的七大以"团结的大会，胜利的大会"载入史册，也给全党留下了如何保持全党团结的宝贵启迪。

团结要有共同的奋斗目标和共同的思想引领。党的七大提出了奋斗目标，就是"放手发动群众，壮大人民力量，在我党的领导下，打败日本侵略者，解放全国人民，建立一个新民主主义的中国"。胜利是目标，团结是保证。团结的思想基础，正如刘少奇在党的七大上指出的："我们的党，不是家族团体，也不是同业公会，而是在共同思想与共同政治纲领上团结起来的革命的政党。"这个共同思想，就是毛泽东思想。确立这个思想基础，是很不容易的。从1921年党成立到延安整风前，我们党既要与国内国外的各种敌人进行斗争，又要不断与党内各种错误的思想进行斗争。正是在这样

命运之旗
——新时代理论创新与新征程使命任务

激烈的斗争中，毛泽东思想逐步发展和成熟起来。刘少奇在党的七大上对"毛泽东思想"作出了完整概括和系统阐述，指出：毛泽东思想"就是马克思列宁主义的理论与中国革命的实践之统一的思想，就是中国的共产主义，中国的马克思主义"，"是毛泽东同志关于中国历史、社会与中国革命的理论与政策"；毛泽东思想"是我们党和我国人民在长期奋斗中最大的收获与最大的光荣，它将造福于我国民族至遥远的后代"。

团结要有一个核心。千锤打锣一锤定音、议事千口拍板一人，坚决维护党的核心是党在重大关键时刻能够凝聚共识、果敢决断、胜利前进的政治保证。党的七大对毛泽东的历史地位作了高度评价，指出："我们的党，已经是一个有了自己伟大领袖的党。这个领袖，就是我们党和现代中国革命的组织者与领导者——毛泽东同志。我们的毛泽东同志，是我国英勇无产阶级的杰出代表，是我们伟大民族的优秀传统的杰出代表。他是天才的创造的马克思主义者，他将人类这一最高思想——马克思主义的普遍真理与中国革命的具体实践相结合，而把我国民族的思想水平提到了从来未有的合理的高度，并为灾难深重的中国民族与中国人民指出了达到彻底解放的唯一正确的道路——毛泽东道路。"为什么毛泽东能够成为全党公认的领袖？张闻天在党的七大的发言中有一段很坦诚的话，他说："（毛泽东）他对于马克思主义的学习，历来采取郑重与谨慎的态度。正因为如此，所以他能够精通马克思主义的实质，所以他能够使马克思主义的理论与中国革命的实践相结合起来，而加以发展。他对于中国革命的每一个问题的处理，也是采取这样的态度。他始终保持着清醒的头脑，他不为自己的与群众的一时的感情冲动所支配，他不受'激将法'的挑动，他不会'一触即跳'而丧失自己的理智,他善于调查研究,善于搜集材料,善于吸收各方面关于某一个问题的各种意见,而不受任何偏见的影响,他善于反复考虑一个问题的矛盾的各个方面,权衡其各个方面的轻重,并且善于等待其成熟后,然后加以处理,他不处理不成熟的问题。正因为他能如此郑重的与谨慎的处理每一个问题,所以他能比较正确地解决问题,所以他成功多而失败少。"陆定一在发言中谈道:"我觉得这次七次代表大会给我最大的感动,就是我们党真正地在毛主席领导下面,空前未有地团结起来了!……我过去痛苦经验很多,对这件事很感动,因为这是我党从来没有的一件事。""我们在这个过程中,曾想办法去找,找过来,找过去,经过了很大的困难,比唐僧取经还困难。唐僧取经,没有死人,我们却伤了这样多的人。结果,现在我们找到了中国化的、马列主义的、整套的战略策略,找到了它的代表人物毛泽东同志。"在毛泽东的旗帜下,全党真正做到了"心往一处想、劲往一处使"。

团结要讲求正确的方法。团结不是宗派主义的结团,也不是不讲原则的一团和气。毛泽东曾精辟地阐释:"所谓团结,就是团结跟自己意见分歧的,看不起自己的,不尊重自己的,跟自己闹过别扭的,跟自己作过斗争的,自己在他面前吃过亏的那一部分人。"所以,在走向团结的过程中,要坚持"团结—批评—团结"的方法。对这个方法,毛泽东在《关于正确处理人民内部矛盾的问题》中作了经典解释,他指出:"在延安的时候,一九四二年我们提出过这样的口号,叫作团结—批评—团结,来解决人民内部的矛盾,我们找到这么一个公式。讲详细一点,就是从团结的愿望出发,经过批评或者斗争,在新的基础上达到新的团结。"他进一步解释说:"主观上没有团结的愿望,一斗势必把事情斗乱,不可收拾,那还

命运之旗
——新时代理论创新与新征程使命任务

不是'残酷斗争，无情打击'？那还有什么党的团结？"当然，讲团结不是不要斗争和批评，而是要在坚持斗争和批评中分清是非对错，达到真正思想一致基础上的新的团结。团结不等于没有不同意见，不等于没有分歧。"英雄所见略同"，也是说大的方面一致，在各种具体问题的处理上难免各有各的考虑，有各种矛盾，"党内如果没有矛盾和解决矛盾的思想斗争，党的生命也就停止了"。这就需要积极的思想斗争，需要批评和自我批评，而且这种批评是在坚持党的原则的基础上，严正的、尖锐的，同时又是诚恳的、坦白的、与人为善的，不能居高临下、以势压人，也不能隔靴搔痒、敷衍了事，更不能借机打击报复泄私愤。

团结奋斗是中国人民创造历史伟业的必由之路。我们看近代以来的历史，可以深刻地认识到团结的重要性。曾几何时，中国人被认为是一盘散沙，只能任人宰割。正是中国共产党把一盘散沙的中国凝聚成一个命运与共的整体，创造了"把沙子拧成绳子"的奇迹，才最大限度地整合了国家资源，实现了一个又一个阶段性目标。"懂团结是真聪明，会团结是真本领"，新时代新征程上，我们要紧密团结在以习近平同志为核心的党中央周围，坚持"团结—批评—团结"的方法，牢牢把握团结奋斗的时代要求。

一是深刻认识"两个维护"是团结奋斗的政治基础和根本要求。坚决维护习近平总书记党中央的核心、全党的核心地位，坚决维护党中央权威和集中统一领导，关乎党的事业成败和前途命运，每一个党的组织、每一名党员干部，都要服从党中央集中统一领导，确保党中央令行禁止，决不允许自行其是、各自为政，决不允许有令不行、有禁不止，决不允许搞"上有政策、下有对策"。

二是深刻认识铁的纪律是团结奋斗的重要保证。习近平总书记强调："党要管党、从严治党，靠什么管，凭什么治？就要靠严明纪律。"我们党有9900多万名党员，我们国家有14亿多人口，各自的利益诉求是不一样的，只有用铁的纪律管住全体党员，让党员在全社会起到模范带头作用，做到大事讲原则，小事讲风格，才能保持全党的团结统一，才能保持党和人民的团结统一。

三是深刻认识健康的党内政治生活是团结奋斗的锐利武器。党的十八大以来，党内政治生活的质量有了很大提高，但也仍然存在着走过场的问题。特别是在批评和自我批评上，还存在着对领导放"礼炮"、对同事放"哑炮"、对自己放"空炮"的流于形式的问题。习近平总书记指出："批评和自我批评是一剂良药，是对同志、对自己的真正爱护。开展批评和自我批评需要勇气和党性，不能把我们防身治病的武器给丢掉了。"积极健康的党内政治生活，要求始终保持斗争精神，反对宗派主义、山头主义、个人英雄主义，反对表里不一的"两面派"、好人主义的"和稀泥"，不这样做，结果不仅不能达到团结的目的，反而会制造更多的矛盾，最终伤害了团结。

3. 大道至简，实干为要

在2023年春节团拜会上，习近平总书记发出了这样的号召："为者常成，行者常至，历史不会辜负实干者。我们靠实干创造了辉煌的过去，还要靠实干开创更加美好的未来。"2024年3月5日，在参加十四届全国人大二次会议江苏代表团审议时，他再次强调了实干问题："要继续巩固和增强经济回升向好态势，提振全社会发展信心，党员干部首先要坚定信心、真抓实干。要抓住一切有利时

命运之旗
——新时代理论创新与新征程使命任务

机,利用一切有利条件,看准了就抓紧干,把各方面的干劲带起来。"

"空谈误国,实干兴邦",这是千百年来人们从历史经验教训中总结出来的治国理政的一个重要结论。墨子说:"士虽有学,而行为本焉。"荀子说:"道虽迩,不行不至;事虽小,不为不成。"历史上,实干成就事业的例子很多。清康熙年间任山西长子县知县的唐甄,看到当地适宜种桑养蚕,为了动员百姓,他没有以县太爷的名义发号施令,而是亲自带头下乡挨家挨户做说服工作,史载他"亲行村野,察其勤惰","奖劝与督责并施"。亲力亲为的成果是,仅一个月全县就种桑树80万株,几年后当地百姓纷纷养蚕,收入大增。在他看来,文书通告只是"藉以通言语,备遗忘耳","为政贵在行","以实则治,以文则不治"。

同样,历史上空谈误国的典型也不胜枚举。南朝的梁元帝萧绎,文学造诣很高,但喜欢高谈阔论,治国无术。敌人数万大兵压境,把江陵城团团围住,萧绎不是想办法鼓舞士气,排兵布阵抵御,反而卖弄风雅,与臣下一起讲解《老子》,将领们身披战袍听他在那里云山雾罩地闲扯,心中何其无奈!讲完《老子》,又吟诗作赋,还要大臣们跟着唱和。这样花哨的操作,不仅不能击退敌人,反而最终落个国破身亡的悲催下场。明朝中期,大臣和言官以煌煌大言和相互攻讦为能,乐此不疲,国家真正要解决的问题却无人担当,张居正看不下去,上《陈六事疏》,第一疏便是《省议论》,就是提倡少说空话废话。他写道:"臣窃见顷年以来,朝廷之间,议论太多,或一事而甲可乙否,或一人而朝由暮跖,或前后不觉背驰,或毁誉自为矛盾。"他举例说,有些督抚高官,刚到地方任职,就上条陈提建议,辞藻都非常华丽,看的人常常被这些辞藻

七　以新的伟大奋斗创造新的历史伟业

迷惑，认为此人有才，敢于负责。其实，刚刚上任的官员，对地方事务有哪些弊病、下属官吏哪些可靠，怎么可能一下子清楚？不过从旁人那里听说一些罢了，如果当真照着去办，怎么会有成效？所以他认为"多指乱视，多言乱听，此最当今大患也"。清朝学者赵翼在《二十二史札记》中总结明朝灭亡的教训，也痛心疾首地指出："书生徒讲文理，不揣时势，未有不误人家国者。"到清末，面对内忧外患的危局，大学士倭仁却仍冥顽不化，说什么"立国之道尚礼义不尚权谋，根本之途在人心不在技艺"。这样不谙时势、只知空谈的迂腐之人身居高位，岂不误国误民？

在中国革命、建设和改革的道路上，也存在着务实与空谈的矛盾和斗争。在党的幼年时期，教条主义的高谈阔论，脱离实际的蛮干硬干，曾经给中国革命造成极大损失。以毛泽东同志为主要代表的中国共产党人吸取斗争的经验教训，确立了实事求是的思想路线和求真务实的思想方法、工作方法。重视实干、反对空谈是毛泽东大力倡导的实践品格。他深受湖湘文化中"求实""务实"传统的影响，青年时代就表现出了与众不同的实践精神。他早年曾参加进步团体少年中国学会，主持这个团体的李璜对此深有感触，在回忆当年的活动时讲过这样一件事：王光祈主持少年中国学会事务时，曾提出准备推动"工读互助"的问题，要大家讨论。学会的会员们在学会执行部主任陈愚生家里聚餐讨论，每次都议论纷纷，提出的想法和建议很多，看上去很热闹，却不见具体行动。到了第三次，毛泽东不耐烦了，他发言说：大家不要老是坐而论道，要干就干。诸位就把换洗衣服拿出来交给我去洗，一个铜子一件，无论大件小件，一样价钱，三天后交货拿钱。后来他果真就这样做了。

毛泽东在《实践论》中曾经讲过："如果有了正确的理论，只

命运之旗
——新时代理论创新与新征程使命任务

是把它空谈一阵,束之高阁,并不实行,那末,这种理论再好也是没有意义的。"现实工作生活中,思而不行、说而不做、只会夸夸其谈、指手画脚的人并不鲜见。延安时期,中央党校的教学就一度存在这样的弊端。当时虽然把马列主义理论作为主要教学内容,但因为许多教员没有实际斗争的经验,课堂上只好照着书本讲理论条文,从斗争一线来的学员们感到难以满足工作需要。有一位学员回忆当时的学习时说:"当时,学校和主讲教员认为这些学员都是领导干部,水平一定较高,可实际上大部分学员从来没有听过这些课程,教与学统一不起来。特别是我,什么是苏联党史,什么是生产力和生产关系及生产力与生产关系之间的关系等,都是第一次听到,感到既陌生又抽象,学起来十分吃力。为了学好这些抽象的理论,每天须抄讲课提纲,写学习笔记,然后再反复学习领会。这样一来,中午和晚上都不能很好休息,结果闹出了病,头痛得厉害,不能继续学习,被送中央医院治疗。"学员们讽刺说,"讲课讲条条,学员背条条,考试考条条"。对这样的学风,毛泽东很不满意,他明确指出,中央党校的校训"应是实事求是,不尚空谈"。1941年12月中央政治局通过《中共中央关于延安干部学校的决定》,要求各学校"学习马列主义理论的目的是为了使学生能够正确的应用这种理论去解决中国革命的实际问题"。1942年2月,中央政治局会议通过《关于党校组织及教育方针的新决定》,要求"停止过去所定课程,在本年内教育与学习党的路线",这就明确了理论联系实际的新的教学方针。在这个方针指导下,中央陆续组织编撰了一系列新的学习教材,其中最重要的是毛泽东亲自主持收集、编辑的党的历史文献《六大以来——党内秘密文件》《六大以前——党的历史材料》《两条路线》。这三部汇编本收入了党成立以来各个时期的重要文件，成为中高级干部学习的重要文件资料。延安各机关单位积极响应党中央的号召，深入实际，深入基层，写出了一系列调研报告，比如张闻天撰写的《出发归来记》、林伯渠撰写的《农村十日》、中共中央西北局撰写的《绥德、米脂地区农业生产问题初步研究》等。"实事求是，不尚空谈"在延安蔚然成风。

实干要有恒心，不能急功近利。习近平总书记在党的十八届二中全会第二次全体会议上很形象地讲过其中的道理。他说："钉钉子往往不是一锤子就能钉好的，而是要一锤一锤接着敲，直到把钉子钉实钉牢，钉牢一颗再钉下一颗，不断钉下去，必然大有成效。如果东一榔头西一棒子，结果很可能是一颗钉子都钉不上、钉不牢。"

实干不是不顾客观条件的蛮干硬干。1930年5月蒋介石与阎锡山、冯玉祥之间爆发中原大战，本来红军可以利用这个时机稳步发展壮大，但当时党内的"左"倾冒险主义提出了"准备一省与几省的首先胜利建立全国革命政权"的不切实际的目标，制定了以武汉为中心的全国总暴动和集中红军进攻中心城市的计划，要"会师武汉，饮马长江"。为此作出了一系列冒进部署：红一军团进攻南昌、九江，以切断长江，掩护武汉方向的作战；红三军团切断武汉至长沙之间的铁路，从东、南方向进攻武汉；红二军团、红一军相互配合，从西、北方向进攻武汉；红七军则进攻柳州、桂林。各路红军按照这个命令展开军事行动，但蛮干的结果是，在进攻敌人重兵防守的大城市时很不顺利，一些部队受到重创，被迫退回原根据地。经过这一番折腾，中原大战结束，红军错失了发展的良机。"大跃进"期间，这样蛮干的例子也不少，许多地方为了赶进度、出成绩、"放卫星"，出现了强迫命令、瞎指挥、形式主义问题，严重的

命运之旗
——新时代理论创新与新征程使命任务

甚至虚报浮夸、弄虚作假。以湖北为例,1958年这一年不断"放卫星",光是在《人民日报》头版报道的,就有:1月5日报道,孝感县联盟农业社晚粳稻亩产2137.5斤,创全国最高纪录;6月12日报道,光化县崔营乡幸福社第二生产队创小麦亩产3215斤纪录;6月23日报道,谷城县沈湾乡先锋社共青团试验田创小麦亩产4689斤纪录;8月11日报道,孝感县长风农业社青年突击队试验田创早稻亩产15000斤纪录;8月12日报道,麻城县平靖乡第二农业社创早稻亩产16260斤纪录;8月13日报道,麻城县麻溪河乡建国第一农业社创水稻亩产36956斤纪录;8月30日报道,应城县白湖乡长春社创中稻亩产43869.4斤纪录;9月1日报道,麻城县建新六社创中稻亩产53599斤纪录。时任湖北省委第一书记王任重对这段经历痛心疾首,他对《人民日报》的相关人员说:"1958年我们天天登报,出了风头;现在看来,我们出了丑。浮夸风我们在全国带了头。"他指出,湖北那几年的主要错误就是"左"倾蛮干。为了让后人永远铭记这个教训,他把总结这次教训的文章收入了《王任重文集》,体现了一个共产党人襟怀坦白、勇于担责的可贵品格。

  实干不是做表面文章,不是花拳绣腿,干得实不实,归根到底要看成效。全民族抗战爆发后,很多进步的文艺家纷纷奔赴延安,为了发挥他们的作用,党在延安建立的鲁迅艺术学院,尽可能提供让这些文艺家施展才华的舞台。这些文艺家也渴望用自己的作品唤起民众、鼓舞民众,他们很辛苦地创作作品、排练节目,希望能够为伟大的民族自卫战争贡献力量。经过精心筹备,1942年1月,鲁艺音乐系举行了一场隆重的音乐会。当时担任延安泽东青年干部学校教员的王仲方回忆说:"鲁艺的歌唱家们表演得很得意,名家都出来了,唐荣枚唱高音,杜矢甲最后唱低音。唱完以后问老百姓好不好,老百姓说好。怎么样好?说这个女的唱得跟猫叫一样。那个男的呢?说男的跟毛驴叫唤一样。这对鲁艺是一个很大的打击。那么努力地给大家唱,老百姓根本不接受,不能理解。"为什么会出现这种很努力却得不到群众认可的现象呢?原因就在于努力的方向不对,不了解群众的生活,不理解群众的感情,不知晓群众的需要,这样尽管付出很多劳动,流了很多汗水,却不会有什么成效。这个问题,直到延安文艺座谈会召开后,文艺家们放下架子,虚心向群众学习,才得以解决。

新时代取得的一系列历史性成就,是党和人民一道拼出来、干出来、奋斗出来的,是习近平总书记一贯倡导的实干精神结出的硕果。习近平总书记一贯推崇实干。他说:"崇尚实干、狠抓落实是我反复强调的。如果不沉下心来抓落实,再好的目标,再好的蓝图,也只是镜中花、水中月。""社会最需要、最欢迎有实干精神、能解决实际问题的人,而最不欢迎夸夸其谈、眼高手低的'客里空'。"从梁家河到正定,从福建到浙江,从上海到中央,无论在什么岗位,崇实务实求实都是他鲜明的工作风格。

推进中国式现代化,是一项前无古人的开创性事业,要战胜新征程上各种可以预料和难以预料的风险挑战、艰难险阻甚至惊涛骇浪,必须大力弘扬实干精神。

要坚持持之以恒的实干。伟大事业不是一蹴而就的,需要一棒接着一棒干,一茬接着一茬干,水滴石穿,久久为功。这就要求广大党员干部特别是领导干部,要树立正确政绩观,以"功成不必在我,功成必定有我"的积极态度,既要做让人民群众看得见、摸得着、得实惠的实事,也要做为后人做铺垫、打基础、利长远的实事,既要做显绩,也要做潜绩。要坚决反对搞虚头巴脑的表面文

命运之旗
——新时代理论创新与新征程使命任务

章、花拳绣腿的面子工程，坚决反对在困难面前消极、怠政、不作为。

要坚持团结协作的实干。习近平总书记曾生动地讲过：一个手掌，摊开是"多个指头"，握紧是"一个拳头"。一个"指头"劲再大，其他"指头"如果不用力，也难以体现出"拳头"的合力。党的事业要发挥每个人的聪明才智，更要依靠集体的团结协作。一定要牢固树立大局意识，特别注意克服"只扫自家门前雪，不管他人瓦上霜"的本位主义观念。本位主义片面强调本部门、本地区、本单位的利益，"只注意自己小团体的利益，不注意整体的利益，表面上不是为个人，实际上包含了极狭隘的个人主义，同样地具有很大的销蚀作用和离心作用"。习近平总书记指出："要摆正自己的位置，无论担任什么职务、拥有多大权力都要执行集体作出的决策，无论作什么决定、办什么事情都必须符合大局需要"，"决不允许'上有政策、下有对策'，决不允许有令不行、有禁不止，决不允许在贯彻执行中央决策部署上打折扣、做选择、搞变通"。

要坚持守正创新的实干。守正，就是尊重规律，不盲目蛮干。有的人有做好工作的真诚愿望，也有干劲，但面对新情况、新问题，由于不懂规律、不懂门道、缺乏知识、缺乏本领，还是习惯于用老思路、老套路来应对，蛮干盲干，结果是虽然做了工作，有时做得还很辛苦，但不是不对路子，就是事与愿违，甚至搞出一些南辕北辙的事情来。创新，要以科学的态度对待科学、以真理的精神追求真理，推进中国式现代化是一个探索性事业，还有许多未知领域，需要我们在实践中去大胆探索，通过改革创新来推动事业发展，决不能刻舟求剑、守株待兔。新时代的中国共产党人，深刻洞察人类发展进步潮流，以高超的政治智慧和巨大的理论勇气推动理

七　以新的伟大奋斗创造新的历史伟业

论创新和实践创新。

幸福不会从天而降,梦想不会自动成真。真抓才能攻坚克难,实干才能梦想成真。

实现中华民族伟大复兴是一场接力赛,让我们在新时代新征程上,以坚定信念和不屈不挠的奋斗,每一棒都跑出更好的成绩,创造中华民族新的荣光。

后　记

2021年春夏，根据组织安排，我有幸在中央党校第49期中青年干部培训班学习。当时正值疫情期间，所有学员都实行全封闭管理，整整四个半月，白天上课，晚上自学，真正是心无旁骛，全神贯注地学习。主体课程包括两个方面，马克思主义基本理论和新时代党的创新理论。学习期间，把自己的收获和体会随时记下来，成了一个习惯。

学习结束回到工作岗位，学习党的创新理论仍是每天的必修课，也随时补充修订学习笔记，日积月累有了十多万字。一部分内容经过整理，陆续在《人民日报》《学习时报》《求是》《时事报告》等报刊发表，其中有几篇还被人大报刊复印资料转载。这部通俗理论读物，反映了本人对新时代党的理论创新的一些认识和思考，承蒙浙江教育出版社抬爱出版，责任编辑傅越、周涵静和中共浙江省委党校陈立旭教授提出了宝贵中肯的修改意见，在这里表示衷心感谢。

习近平新时代中国特色社会主义思想贯通马克思主义哲学、政治经济学、科学社会主义，贯通历史、现在和未来，涵盖新时代坚持和发展中国特色社会主义的总目标、总任务、总体布局、战略布局和发展方向、发展方式、发展动力、战略步骤、外部条件、政治保证等基本问题，并根据新的实践对党的领导和党的建设、经济、

命运之旗
——新时代理论创新与新征程使命任务

政治、法治、科技、文化、教育、民生、民族、宗教、社会、生态文明、国家安全、国防和军队、"一国两制"和祖国统一、统一战线、外交等各方面作出新的理论概括和战略指引，是一个逻辑严密、内涵丰富、系统全面、博大精深的科学体系。本书只是个人学习过程中的一部分所得所思所感，远远没有包含新时代党的创新理论的全部内容。要系统、全面地掌握习近平新时代中国特色社会主义思想，最有效的办法是精读细研习近平总书记的原著原文，做到知其言更知其义，知其然又知其所以然，知其所以然又知其所以必然，从而全面领会和掌握习近平新时代中国特色社会主义思想的科学体系、精髓要义、实践要求，真正做到学思用贯通、知信行统一。

王均伟
2024 年 7 月 15 日

图书在版编目（CIP）数据

命运之旗 ：新时代理论创新与新征程使命任务 / 王均伟著. -- 杭州 ：浙江教育出版社, 2024. 7. -- ISBN 978-7-5722-8287-4

Ⅰ. D610

中国国家版本馆 CIP 数据核字第 2024N0L237 号

命运之旗——新时代理论创新与新征程使命任务
王均伟 著

出版发行	浙江教育出版社
	（杭州市环城北路 177 号　电话：0571 - 88909724）
项目策划	傅　越
责任编辑	傅　越　周涵静
美术编辑	韩　波
营销编辑	滕建红
责任校对	余晓克
责任印务	陈　沁
封面设计	张合涛
排　版	杭州天一图文制作有限公司
印　刷	浙江海虹彩色印务有限公司
开　本	710mm×1000mm　1/16
印　张	15
插　页	4
字　数	180 000
版　次	2024 年 7 月第 1 版
印　次	2024 年 7 月第 1 次印刷
标准书号	ISBN 978-7-5722-8287-4
定　价	68.00 元

版权所有·侵权必究